經濟學

蔡宏進 著

ECONOMICS

序 言

一、為何撰寫這本經濟學

　　我在大學時代主修農業經濟學，後來轉讀社會學，但一生從事研究工作，常將鄉村社會問題與農業經濟問題聯結在一起探討。當我在探討經濟現象與問題時，較注重將道理說清楚，較不喜歡使用一般經濟學常用的方程式與曲線圖，總覺得使用此方法來表達計量經濟理念雖有抽象與高明之處，但也容易使作者與讀者之間產生隔閡與差距。後來查覺與我有同感的人也有不少。當我到了年近古稀，教學目標有機會由社會學轉移到經濟學時，乃決定寫一本讓初學的學生閱讀起來能較容易理解與明白的課本，不被太多的方程式與曲線圖所障礙而感苦惱。本書是在這種心情與用意的情況下而寫的。

二、本書的特性

　　這本經濟學的書與市面上不少經濟學的教科書比較有幾點明顯的特性，這些特性不無缺失之嫌，但或許也有其可取之處。我將之反省與自白如下。

　　第一，書中儘量少用費神難懂的方程式與曲線圖，我的此種寫法確實有點不符經濟學的傳統規範，但也因此或許可將與讀者溝通的難處降到最低點。我所以敢作此種嘗試的舉動，乃因心中存一個重要理念，此一理念是，文字的使用或文章與書籍的撰寫，最重要的目的是在能傳達與溝通理念，使人讀之能不難了解與接受。從此角度思考，我個人以為使用一本較多文字說明的經濟學教科書或許更能比一本使用較多象徵性符號表達的教科書更能被讀者接受。

第二，本書兼具個體經濟學與總體經濟學中的重要概念與議題。

不可諱言，有些經濟學的教科書只涵蓋個體經濟學或總體經濟學，對於經濟系的本科生，將個體經濟學與總體經濟學分別加以研究並作深入的探討頗有必要，但對於非經濟系本科生，學習經濟學入門，則有必要將個體與總體兩部分的重要概念一併涉獵。本書規劃與設計是期望能適合非經濟系學生在短暫的一學期學習消化之用。對於經濟系本科生而言，此書難免有失簡要，但若有人能體會到有必要將材料豐富的大本教科書濃縮整理後放置腦中的重要性，應也值得將本書作為參考。

第三，本書的篇幅比一些經濟學教科書較為縮小，也是特性之一，但篇幅較少係儘量濃縮摘要，並未遺漏重要部分。

篇幅較少的書，內容必定會有省略與遺漏之失，但若能用心整理與選擇，乃可避免遺漏重點，卻有省略繁瑣累贅之好處。我在撰寫本書時一方面考慮精簡篇幅，另方面也盡力用心堅守此一不使重點遺漏，卻應儘量去除繁瑣與累贅部分之原則，使讀者學習起來能達到事半功倍的效果。

三、謝　誌

本書寫成感謝五南圖書出版公司，負責人楊榮川先生同意印行出版，使本書能很快與讀者相見，至為為感謝。筆者在構思本書內容的過程先用綱要講義與亞洲大學社會工學系暨休閒與遊憩管理系學生照面。從學生們上課及考試的反應，也有助我在撰寫書稿時作些適當的修正或補充，在此一併表示難能可貴之意。總之，初次完稿成書，缺失必然難免，懇請讀者不吝指正。

蔡宏進

序於亞洲大學

2006 年 3 月

CONTENTS 目 錄

1

第 一 篇

總　論

第一章

導　論

第一節　經濟學的定義與研究的功用

一、定　義

經濟學的定義言人人殊，過去不同的經濟學家曾下過多種不同的定義。本書選用數種常用且為人所較熟知的定義並略作說明如下，也使初學者能易於明瞭並接受。

㈠研究人類經濟行為的社會科學

經濟學研究的對象是人類的經濟行為，而非研究人類以外的生物行為，且所研究的人類行為都著重在經濟行為面。經濟行為則常涉及到人對物品與錢財的選擇，也即是一種選擇行為。因為此種行為也常涉及到人與人的關係，也即是人際關係，故經濟學也是一種社會科學。在不少大學裡都將經濟學系（所）設置在社會科學院內，視經濟學系（所）為社會科學的一支門或一特殊種類。

㈡經濟學是一門行為科學

經濟學既是研究人類的經濟行為，而經濟行為是人類行為的重要面，故應也是一門行為科學。此種行為科學的研究重點在研究人類對於物品及資財的選擇。有關選擇的要點包括如下數項。

1. 研究如何選擇資源作適當用途，以達到人們最大的滿足。

可供人類利用的資源很多，每種資源的用途也很多，當人類面對許多種類及用途的資源時，首先要作的選擇是選取適當種類的資源，並作適當利用，使能達到最大的滿足，也即達成經濟效益。

資源需要選擇的原因除了種類繁多以外，也因存量稀少有限。要對有限的資源加以利用時必須慎加選擇，使其發揮最大效用而不致浪費，由是也可收到節約及延長使用期限的目的。

2. 對物品需求的選擇

需求是一種基本的經濟動力與行為，一人在同一時間對物品的需求種類與數量會有一定限制，必須要用選擇，使需求行為能較明智，也合乎經濟原則。

3. 對物品供應類別及對象作選擇

不論是個人或社會整體對於所要供應的資源或物品也須經由過濾與選擇，才能合乎消費大眾的需求，也才能為自己獲得適當的報酬及合理的利益。對供應的對象作適當的選擇，也才能使物品適得其所，發揮物盡其用之效。

4. 對生產的選擇

生產是一種重要的經濟行為，此種行為，牽連到對資源的需求與消費，故也必要加以選擇。選擇生產何物，如何生產及為誰生產等。

5. 對經濟選擇通則性的因果關係的尋求

選擇雖然可以是個別行為，但經濟學上對於選擇行為的研究則更注重通則性的因果關係，探討各種選擇因素可能得到的各種必然後果，從中理出選擇行為的因果關係。

*6.*選擇需要根據事實也要參考規範

經濟選擇的重要通則之一是此種行為需要根據事實，但也要參考規範。根據事實才不會使選擇行為不夠實際，根據規範才不會喪失秩序，或無故危害他人。

二、功 用

經濟學的功用與其他的學術功用一般，都具有學術性的及應用性的，綜合起來重要的功用有下列五大項：

㈠提供經濟實情

經濟學很注重經濟分析，而此種分析的重要目的是在提供實情。不同角度與觀點的分析可提供不同性質與意義的實情。經濟實情的提供則有助於眾人對經濟現象的了解，進而做為下列他種功用的基礎。

㈡可正確解釋及預測經濟現象

經濟學研究與分析有助於對經濟現象作較正確的解釋及預測。研究與分析時所用的方法越精密，所作的解釋及預測也越正確。經濟學與其他的學術比較，在研究與分析方法上較多使用經濟模式方法，所得到的解釋與預測能力也都很高。

㈢可提供較正確的經濟規範

經濟學者經由分析與研究經濟事項之後，常會試圖建立經濟規範，可作為經濟行為者遵行之參考與依據。因有經濟規範的建立，經濟行為與現象才可保持不失之錯亂，社會上也才能有較良好的經濟秩序，人民才能過較佳的經濟生活。

㈣建立經濟理論

學術研究常以建立理論為長遠的目標，不少經濟學家研究經濟學

之後，都能建立經濟理論。使經濟學的概念與意境提升到較高層次，也較複雜化，較有特殊性。使經濟知識較有系統性，也較能發展新思維及新概念。

(五)解決經濟問題

經濟學也不捨棄對實際的經濟問題之探討，研究的結果也有助於經濟問題的解決。能解決經濟問題必有助於經濟生活品質與水準的提升與改進。

(六)促進經濟發展，提升人類的經濟生活水準

經濟學的最終實用功能是促進經濟發展，提升人類的經濟生活水準。經濟發展的目標立基於對經濟問題的解決。經濟能發展，人類可分享的經濟成果便能增加，其經濟生活水準也可提升與改進。

第二節　經濟學的領域或範圍

經濟學的領域也即是其範圍，可從數個不同的方面加以認識與討論：

一、研究人類的食、衣、住、行、育、樂等經濟活動

就大領域或大範圍看，經濟學的研究內容包括研究人類的食、衣、住、行、育、樂等經濟活動項目。人類生活與存在地球上必須要從事經濟活動才能生存，而其經濟活動包括食、衣、住、行、育、樂都是。故凡有關這些方面的經濟活動，都是經濟學研究的領域或範圍。

二、研究生產、物品、勞務、消費、分配及資源供應等

　　經濟學所研究的各種經濟項目可再細分成生產、物品、勞動、消費、分配及資源供應等活動細項，或牽連的客體。生產、消費、分配及供應是這些活動細項，物品、勞務及資源即是這些活動的客體。經濟學對於這些活動細項及客體，免不了要研究其靜態性質，乃至其動態過程，以及其與其他變數或事項的關係等。

三、傳統經濟學範圍及新拓寬的領域

　　在 1960 年以前經濟學研究的傳統範圍約可歸納成供給、需求及市場三個重要層面及總體及個體等兩個主要範疇，此也稱為傳統經濟學。至 1960 年以後，經濟學研究則擴展了許多新的主題，也可說開拓了不少新的研究範圍與領域。貝克（G. Baker）、布肯南（J. Buchanan）及寇斯（R. Coase）等都補充了許多過去被忽略的課題，也都成為新的研究領域，這些新課題與新領域包括公共選擇（pullic choice）、交易成本（transaction cost）、及制度（institution）的研究等。

四、重要的研究課題

　　翻開當前經濟學的許多教科書及經濟學雜誌，則可看出重要的經濟學研究課題包羅萬象，約可歸納成下列諸大項：㈠經濟理論，㈡研究方法，㈢經濟政策，㈣經濟歷史，㈤經濟現實問題。

五、各大項研究課題都可再細分成更多項目

　　就以經濟政策看，可再細分成貨幣政策、土地政策、勞工政策、交易政策、生產政策、農業政策、工業政策、觀光旅遊政策等。

六、研究的發展趨勢

經濟學研究的趨勢一向不斷在擴張探討的主題與範圍。下列指出數個重要的擴張階段。

(一) 1776 年以後亞當斯密斯（Adam Smiths）奠立了經濟學的獨立性。

(二) 1887 年馬克斯（Karl Marx）超越了經濟學的正統與主流，創建了共產主義理論。

(三) 1936 年以後凱因斯（John M. Keynes）從傳統的個體經濟學分出了總體經濟學。

(四) 1960 年以後經濟學廣泛應用於政治、社會或法律等其他學科的研究上。

第三節　個體經濟學內容概要

個體經濟學的要義是指研究個別經濟體的經濟活動現象，重要的經濟體包括個人及家庭、廠商、公司等經濟團體。研究內容有下列多項要點。

一、需求（Demand）

個體經濟學的研究將經濟需求看為是一個重要的課題。經濟需求著重對物品的需求，其與心理性及社會性的需求有所差異。經濟需求研究的重要議題涉及需求物品的類別、數量、效用、影響因素、量價間的關係、差異性等，詳細內容將於第二章加以說明。

二、供給（supply）

供給是指經濟行為體如個人或廠商所願意或能夠提供的物品。集合全部供應者的供給，即成為市場的供給。經濟學上對於供給的分析與研究的重要課題包括供給法則、影響供給變動的因素、供給曲線、供給彈性、供給均衡問題、供給差異等，較詳細的內容將於第三章加以說明。

三、市場與價格

在交換經濟的時代，經濟活動都經由市場進行，在市場上物資的交易必定出現價格，以價格為決定與限制交易的重要機制。有關市場與價格的經濟分析與研究內容包括市場的結構與功能、價格的決定與變動、價格彈性、影響價格的因素、價格政策等。

四、企業者或廠商的市場處境

企業者或廠商是經濟活動的重要分子或主體，是物品的供給者。而其提供的物品在市場上的處境則各有不同，大致區分，約有三種不同的處境，即完全競爭（pure or perfect competition）、不完全競爭（non-pure or non-perfect competition）及獨佔（monopoly）。在三種不同處境下，供給品價格的決定方式及獲利的條件各不相同，必要分別加以分析與研究才能有正確的認識與了解。

五、廠商的生產要素

生產是經濟活動的重要過程與方式之一。在農業社會，主要的生產者為農民，主要生產方式為農業生產。但在工業社會主要的生產者為工廠主，因其產品必要出售賣出，故其角色通稱為廠商。一般經濟

學所探討的經濟現象都著重在工商經濟，與農業經濟學有所區隔，但工商社會生產者廠商的生產要素與農業生產者的生產要素就種類上言大同小異，但各種要素的比重則有很大差異。重要的生產要素包括人力、土地、資金、企業才能、資訊及誘因、技術等。有關廠商生產要素的探討不外要分析這些生產要素的重要性質及重要的相關問題。相關的細節將於第六章加以探討。

六、生產成本與利潤

經濟個體從事生產無非為了獲得利潤，利潤的多少則與生產成本的高低密切相關。故有關個體經濟學的研究不能忽略生產成本與利潤的課題。

生產者對生產成本與利潤最關切的問題無非是最低成本與最高利潤，因此有關最低成本與最大利潤的探討與分析也成為個體經濟學研究的重點。相關的重要課題包括生產要素的最適當組合及使用量。成本的性質、利潤的決定與計算、成本及利潤與規模的關係，減少成本的方法等。

七、消費與效用

消費是另一種重要經濟行為，消費的目的為能達成效用，消費的主體者則為消費者。因消費與效用的概念與角色重要，在個體經濟學上也成為一個重要議題。這方面的經濟學探討內容包括消費者如何購買財物或如何消費，有關效用的多種概念及法則，消費者的選擇與決策，消費者的能力，效用的性質及變動等。

第四節　總體經濟學內容概要

　　總體經濟學係從傳統的個體經濟學分割出來並延伸發展而成。研究的內容以全國家全社會的經濟活動與現象為對象及範圍，但並不是總和或綜合個體經濟學而成。本節先摘要列舉總體經濟學的重要研究課題與項目，較詳細內容再於下列各章加以說明。

一、國家的資源、生產與收入

　　要了解一個國家的總體經濟，首先必要了解國家的經濟資源、生產及收入。重要的經濟資源包括土地及物資，重要的生產則包括農、工、商及服務，而重要的收入概念則包括國民生產毛額（GNP）。其中有關土地及物資除在總體經濟學上會研究與討論外，在地理學上也常不能免除或遺忘。農工商業及服務，則分別在農業經濟學、工業經濟學或企業管理學上也都不能免，故在總體經濟學上有時常避不再提，而將重點著重在國民生產毛額的研究與分析上。

二、國家的支出與預算

　　總體經濟學既要研究國家整體的收入，也要研究國家整體的支出，而支出數量與項目也常與預算結合成一體。有關國家支出的研究主要包括支出項目、變化趨勢、影響因素、支出的法則等。而有關預算的研究則包括預算的編列與審查、預算的控制、實際預算數目及其變化，以及有關預算及審計的組織功能等。

三、貨幣、銀行與國際金融

　　貨幣、銀行與國際金融對交易經濟扮演十分重要的角色，故在經

濟學上免不了要對貨幣、銀行與國際金融加以研究。此方面研究內容的概要包括貨幣的功能與型態、貨幣與價格水準、銀行業務與資產負債、國際金融的交流等。

四、物價與通貨膨脹

物價關係物品的交流，也關係國計民生，故為總體經濟的重要課題之一。此方面的焦點關鍵問題包括物價體系的運作、物價膨脹的概念、通貨膨脹的問題與理論、通貨膨脹的管制方法、物價下跌的研究、物價的變動與循環等。

五、勞動市場的就業與失業

勞動市場是經濟體系的一個重要副體系與環節，此種市場上的關鍵問題是勞動力的就業與失業。有關勞動市場的就業與失業的研究，則包括下列諸項重要課題：就業與失業的基本定義與概念、就業者工資的決定與性質、勞動參與率、失業問題的原因與後果、不完全就業與低度就業問題與性質、農業勞動力與勞工失業的特性及差異等。

六、國際貿易、國家保護及關稅開放

國與國之間的經濟往來常涉及物品交易，也即國際貿易。此種經濟行為是國家層級的總體經濟所不可或缺的現象，故也為總體經濟學研究的重要部分。此部分的重要研究內容包括國際貿易的特性與風險、國際貿易政策與關稅制度、國際貿易與國家收益、國際貿易的準備工作與進行步驟等。

七、經濟變遷、成長與發展

一國之經濟條件或水準會因時而變，謂之經濟變遷，在大半的情

況下經濟變遷的方向都朝向成長與發展。故總體經濟學難免要研究經濟變遷、成長與發展現象與問題。此方面研究的要點包括衡量與測量方法、經濟波動與循環現象、經濟成長的誘因與機制、經濟發展的性質與策略等。

八、經濟政策與反托拉斯

每個國家都有其經濟政策，一國的經濟政策也會因時而變，在資本主義的國家，由於資本自由化的結果，很容易導致托拉斯的出現，對於國家與社會大眾的不良影響不少，故政府常會採取反托拉斯的政策，成為重要的政策之一，故在總體經濟學上探討經濟政策時，常將反托拉斯當為重要政策之一項。有關經濟政策與反托拉斯的研究內容包括經濟政策的類型與背景因素，各種經濟政策的工具或機制、財政策略的運用、反托拉斯政策的內容與策略、國家經濟政策的演變等。

九、古今重要經濟理論

總體經濟學中潛藏許多經濟學理論，故在總體經濟學範圍內開闢一章探討經濟理論也很有必要。探討理論的要點以人為主且按年代排序，內容主要在介紹理論家的生平及其理論要點。

第五節　經濟理論的建立與改進

一、經濟學理論的意義

所謂經濟學理論是指經由一套合乎邏輯推演或經事實歸納出來的經濟性因果關係，以及對此種關係的解釋。經濟學理論常是經濟學研究的高層次學問與課題，也是經濟學者喜歡與努力追求的學術目標。

過去不少傑出的經濟學家都曾建立重要的經濟學理論。

二、理論的建立過程

建立經濟學理的重要過程約有三點，㈠假設。即假設經濟變數或經濟現象之間的特定關係。㈡求證及去除謬誤。求證的目的是在證實假設的真假，從求證的過程中去除謬誤與虛偽，求得真實。求真之後，假設才能成立，理論才能確立。㈢確定關係。驗證假設後，變數之間或事象之間的關係便可確定真假或正反性質。經此確定之後，理論便可成立。

三、建立理論的重要性

經濟學理論之所以被經濟學的學習者及研究者所熱烈追求，因有其重要性。重要的用途有如下兩點：

㈠引導對事象作有系統及合乎邏輯的了解

經濟學理論有兩個重要的功用與意涵，其一是引導對經濟事象作有系統及合乎邏輯的了解。每個經濟理論都包含數個有關係的變數，且各變數間都有系統緊密並合乎邏輯的關聯。故由理論乃能了解這些變數之間有系統並合乎邏輯的關聯事象的性質。

㈡引發新理論的形成並對經濟現象作更廣泛更深入的研究與理解

經濟理論的另一目的與功用是引發新理論，並對經濟現象作更廣泛與更深入的研究與理解。因為理論有其特有的構成條件與性質，要建立新理論，必要依循理論的構成條件與性質，如較抽象性，並含有變數之間的密切關聯性。且理論也具有啟發對經濟事象作廣闊、深入理解的作用。

第六節　非經濟系學生修讀經濟學的意義與必要性

　　修讀經濟學不是經濟系學生的專利或專責，非經濟系的學生修讀經濟學也有其重要的職責與理由。重要的意義與必要性至少有下列六點。

一、經濟學為基礎社會科學之一，為現代國民及知識分子必知與必備

　　經濟學與社會學同是重要的基礎性社會科學，其學理為建構其他多種社會科學的重要基礎。其中社會學是社會工作、政治學、法律學的重要基礎，經濟學則為管理學、行銷學的重要基礎，也為社工學、政治學與法律學所不可不知的基礎學問。每種社會科學的理論建立在這些基礎社會科學的概念上。故其學生有必要修讀此種基礎性的學科，使其對本科學識的了解能有更堅實雄厚的基礎。

二、人人必須過經濟生活及表現經濟行為

　　每個人即使不是為學術的長進之故，只是為使個人的生活健全，也必要修讀經濟學，吸收經濟學的知識與學問。因為每個人都要過經濟生活，且經濟生活是一種最基本的生活內容。人有健全的經濟生活，才能進而發展其他方面的生活，而健全的經濟生活很必要有經濟學原理與知識作為基礎。

三、不同專業的工作中,都包含經濟變數與現象

　　不同學系的學生分別將是各種不同領域的專業儲備人才,在各種專業工作中都包含經濟變數與現象,故為將來成為合格的專業人才做準備,也都要具備經濟學知識。要具備經濟學知識的最好方法是在學校中修讀經濟學,為此種學問建立系統健全的基礎。

四、對經濟學原理的認識與了解可幫助非經濟學學生畢業後更順利運作與展現其專業工作

　　正因為各種專業都包含經濟事項,故非經濟系學生於畢業後從事非經濟專業性工作時,若能有充實的經濟學知識與理念,必能有助其更順利運作與展現其專業工作。經濟學可助政治人物作更週延的經濟決策,並在行政事務中避免造成缺少經濟性的判斷與誤差。經濟學可助律師或法官有更周密或廣闊的思維來辦案,使其辦案的成效更正確。經濟學也可幫助社工系的學生,對社工機構的運作及社工事務的推展更實際,更有效率。經濟學可幫助管理者及行銷者達成專業功能,更是不用多說。

五、各種非經濟性的專業領域也有專掌經濟事務的分工

　　在社工、政治、法律、教育等各種非經濟性的專業領域中,也有專掌經濟性事務或職位的設立與分工。在這些專業工作人員中若有人學過經濟學,具備較佳的經濟學知識,便可能較他人適合這種工作與職位。故非經濟系學生中學過經濟學,並具備經濟學知識者,乃較未學過者多具備一種工作的能力與條件,未嘗不是一種就業的長處。

六、非經濟系學生未來就業與出路可能有變化，有可能變為從事與經濟密切相關的工作與職業

雖然各種不同的社會科學都以培養不同的職業工作者為主要的宗旨，但人的際遇無常，其中有人不無可能轉行工作就職。轉行者轉到與經濟有關行業與工作的可能性極大。故在學生時代修讀經濟學必能有助其對未來專業發展建立更堅固的基礎。

第七節　經濟學的學習方法

將經濟學的學習方法與其他學問的學習方法比較，有不少共同的性質，也有其特有性質，綜合這些共同性與特殊性的方法，共列舉下列七點重要者加以說明，也當為建議。

一、結合理論概念與生活經驗

過去的經濟學家對於經濟事象已創設了許多理論與概念，都是學習經濟學所必學與當學的對象與目標。但僅學前人所創的理念與概念顯然不足，很必要結合生活的經驗。生活經驗中的經濟事象是較活現的，也較實際的，將之與理論概念結合，不僅可使理論與概念更真實，也較能應用在現實生活上，使經濟學理論與概念成為較有實際的用處。

二、分辨比較書中的觀點與本身的經驗觀點

經濟學的學習要能學得活潑，並對本身有用處，乃很必要將從書中所學得的觀點與本身的經驗觀點相比較。由比較可使自己更深入體會書中觀點的意義，甚至可進一步指出其缺陷與錯誤，也可使自己的

看法不斷提升。很多人讀書包括讀經濟學時,常只限於了解他人所見者,很少注入自己的感受與看法,顯得很不足,有必要用此方法加以修正與改進。

三、使用分析方法演繹與歸納出經濟理論與模型

不少經濟學者都喜歡創立經濟理論與模型,要達到此種境界,重要的方法是使用演繹與歸納的方法來分析經濟事象。經由演繹與歸納的分析方法,是建立經濟理論與模型的良好途徑。

四、計量的方法

計量經濟學已發展成經濟學領域中的一特殊支門,此種研究的方法都用數量加以計算與分析。在計量過程中使用各種精深的數學方法。對於數學基礎良好,又喜歡玩弄數字的學生,這是一種不錯的學習經濟學的方法。此法於二次世界大戰後已突飛猛進。

五、曲線圖解法

多半的經濟學研究都會使用曲線圖解來分析事項與問題,此法幾乎成為經濟學研究分析方法的特徵,學習者有必要熟悉此種研究方法,才能透徹了解使用此種分析方法的著作。唯因為曲線圖解法,有時會失之太少使用文字說明,或暗藏太多的假設與玄機,以致會妨礙讀者的了解與吸收。學者在學習使用此種方法的過程中,有必要多取其長處,避其短處,使此種方法對經濟學原理的闡揚與說明能發揮最大的功用。避免因方法精深美妙,卻難與讀者溝通的弊病。

六、文字述說與分析的方法

雖然經濟學多用也擅用數理方法與圖解法,但也仍然不會放棄使

用其他社會學所習慣使用的文字述說與分析的方法。只要述說與分析的文字清楚，仍可將高深的理念表達妥當，故此法仍然值得使用。本書筆者有見於非經濟學學生學習經濟學時，多半會較不習慣於圖解及數理方程式的說明方法，故儘量採用學生們比較習慣的文字述說方法，使讀者在閱讀時能較容易溝通與理解。

第八節　經濟學的基本分析概念

經濟學分析有若干重要的概本概念，值得學習者在入門之初先有了解。

一、極大化的概念

此種概念是指經濟行為的主體者常習慣於選擇利益的極大值，包括選擇或追求目標的極大化及效益的極大化等。

二、極小化的概念

經濟行為者也經常從相反的角度選擇或追求成本最小值的概念。此外對於損失也都選擇最小值。

三、均衡的概念

經濟行為之間經有意識或無意識行為，或經濟變數之間經由變動之後匯集交錯而形成一種穩定與習慣的關係狀態，即所謂均衡狀態。此種關係狀態會改變，但經改變之後，又可能形成另一均衡狀態。影響經濟均衡的因素有內外部兩大因素。均衡只是一種狀態，並不包含價值的概念。

練習題

一、是非題

(○) 1.經濟學是一門社會科學，也是一門行為科學。

(×) 2.經濟學在研究人類對於物品及錢財的選擇，可不必根據事實，也不必要參考規範。

(×) 3.有關對經濟需求與供給的研究是總體經濟學的研究內容或領域，而不是個體經濟學的研究內容或領域。

二、選擇題

(B) 1.生產者對生產成本與利潤最關切的是： (A)最高成本，最低利潤 (B)最低成本，最高利潤 (C)平均成本，平均利潤 (D)固定成本及固定利潤。

(B) 2.經濟學的最終實用功能是： (A)方便政府改善財政 (B)發展經濟，改善人民生活 (C)創造資本家 (D)獲得諾貝爾獎。

(D) 3.非經濟系學生修經濟學的重要理由，在下列中那一項最不恰當？ (A)人人必須過經濟生活及表現經濟行為，(B)不同專業工作中，都包含經濟變數及現象，(C)經濟學為一種基礎性社會科學，(D)經濟學的學分比其他的學科都多。

三、解釋名詞

1.極大化的概念

2.均衡的概念

3.經濟理論的建立過程

    4.總體經濟學

    5.個體經濟學

四、問答題

    1.試論經濟學的功用。

    2.試論建立經濟理論的重要性。

第 二 篇

個體經濟學

第二章

需　求

第一節　需求的意義、要素與法則

一、意　義

　　經濟學上所稱的需求（demand）是指消費單位對物品的需求與需求量，此與心理學上或社會學上所指對於非物品的感情上或友誼上等的需求不同。經濟的需求者需求物品都是為了消費，包括吃、穿、住、行與使用等的消費。消費之後其所需求的物品會變化於無形或有形。

二、影響需求的要素

　　影響需求的要素很多，包括消費者本身的生理條件或本身以外的經濟環境都可能會影響需求的對象與需求量。但在經濟學上討論影響需求的重要因素則有三點，一為所得、二為價格、三為偏好。所得因素決定需求的能力，價格因素則對需求產生限制或節制的作用，偏好則結合個人的生理上及後天養成對物品的要求習性。以上三種影響要素對需求對象與需求量的影響，相當複雜，將於本章第二節作較詳細的分析與說明。

三、需求法則

㈠意　義

需求法則的意義主要建立在需求量與價格的關係上。其關係的性質是指在其他條件不變的情形下，價格漲跌與需求量呈反向關係，也即價格上漲，需求量減少，反之，價格下跌，需求量增加。

㈡需求法則可分解成所得效果與替代效果

1.所得效果

意指因真實所得增減，或因物價漲跌，使所得無形中有增減，以致對需求量的改變。

2.替代效果

此種效果是指某種替代性物品價格變動，使消費者改變對此替代物品需求量的變動，以致對原需求物品的需求量也發生變動。

㈢法則外的需求

此種需求是指不受法則影響的需求。

不受法則影響的需求有兩種情形。1.對於炫耀性物品的需求，不會因價格高而減少需求。2.對必需品或稱季芬物品（Giffen）的需求，不會因為價漲而減少需求量。

㈣市場需求曲線

需求法則會反應在市場需求曲線上。此一曲線係由需求量與價格呈反比關係所形成，但兩者間單位的變動不固定，故呈曲線關係，而非呈直線關係。

㈤需求量變動與需求變動

1. 需求量變動

此種變動是指其他條件不變，消費者對一物品的需求量會因此物價格的變動而變動的情形。價漲則需求量減，價跌則需求量增。

2. 需求變動

此種變動是指消費者對某一物品需求量會因其價格以外的因素影響而產生改變，如受時尚或受恐慌因素而改變。如果需求量增加則使整條需求線往座標的右上方移，如果需求量減少則使整條需求線往座標的左下方移。

第二節　影響需求的因素

一、所得因素

所得決定消費者的消費能力，因而也影響其需求水準與品質。因為所得可增可減，所得增減時，對需求會有不同影響，既使所得提高，對於不同性質物品的需求也會有不同的影響。影響的情形會有正反兩方面不同的情形。

㈠正面的影響

當所得提高時，又正常物品或優質物品的價格不變，則對其需求量會增加。

㈡反面的影響

當所得提高時，又劣質物品的價格不變，對劣質品的需求則會減少。因為需求較多正常物品或優質物品，反而減少對劣質物品的需求。

二、物品價格因素

與物品有關的價格可分成三類，一為某種物品本身的價格，二是替代物品的價格，三是互補物品的價格。此三種價格的變動，對某物品的需求都會有影響。

(一)某物品價格變動對此物品需求的影響：

當其他條件不變時，某物品價格上漲，消費者對此物品的需求量會減少。

(二)替代物品價格變動對某物品需求的影響：

當某物品的替代物品價格上漲時，對替代物品的需求量減少，但對某物品的需求量則會增加。

(三)互補物品價格變動對某物品需求的影響：

當某物品的互補物品價格上漲時，對此互補物品的需求量減少，對某物品的需求量也會減少。

三、嗜好因素

嗜好也是影響對物品需求變動的重要因素之一。當消費者對某物品的嗜好增強或提升時，對該物品的消費需求也會增多。反之則需求會減少。

四、對未來預期的因素

消費者或購買者如果預期某物品未來的價格會上升，或預期未來的供應量會減少，乃會增加其需求。股票族預期股票上漲時而購買股票。商人預期物品供應量會減少，乃乘機買進物品屯積，待價而沽，期待獲利。

五、消費者人數的因素

某物品消費者人數的增減必然也會影響社會上對某物品的需求總量。消費者人數增多，則需求量也增多。

第三節　需求的效用分析

一、涵　義

需求效用的涵義是指需求的背後因有效用。人需求飲食而有飽腹解渴的效用。需求衣服則因衣服能有保暖及美觀的效用。需求車輛，則因車輛有代步的效用。

二、追求最大效用的性質

經濟行為都具有追求最大效用的特性，最大效用則有多重的性質與意義，將之列舉說明如下：

㈠追求最大的效用是人類經濟行為的基礎

任何人類的經濟行為都在追求能達到最大效用，雖然最大的效用不是很容易能追求並達成，但人類都以追求最大效用為目標及基礎。

㈡最大的效用或滿足得自各種不同物品消費的最佳配合

人在同一時間或時段會消費多種物品，每種消費都可獲得某種程度的效用或滿足，匯集各種消費的效用或滿足而得到全部的效用或滿足。為使總效用達到最大，則需要使各個別效用也得到最大，而要使各個別效用達到最大，必須將各種消費作最佳配合。

㈢最大效用的追求源自個別行為者的自利心理及自利行為

最大效用的個別消費者能因消費某物品而得到最大效用。另方面也指某物品經由適當的人消費後而能發揮最大效用。消費物品能發揮最大效用則源自個別行為者具有自利心理及自利行為。因對自己有利而能獲得效用，故自利是最大效用的源淵。或說最大效用係源自自利的心理與行為。

㈣物品之間，效用與價值存在著不一致的矛盾現象

此種矛盾意指有效用之物不一定有價，有價之物也不一定有用。一日三餐對每個人都甚有用，但食品的價格並不昂貴。鑽石是最有價之物，但對許多人並不一定有用。

三、總效用與邊際效用的概念

㈠總效用（total utility）

總效用的意義是指在一定時間內，消費者消費若干數量的物品所獲得的全部效用。這些物品可能是同種類，也可能包含不同的種類。

㈡邊際效用（marginal utility）

所謂邊際效用是指增加一單位物品的消費所獲得總效用的變動。

四、邊際效用遞減法則

在一定時間內邊際效用必有遞減的現象，也即消費單位數增多時，最後一個單位所產生的效用會減少，直到減至低於零，也即會有負效用的情形。

五、多種物品間效用相等的選擇原則

消費者在同一時間內有可能消費不同種類的物品，若能選擇花費在各種物品的最後一單位貨幣所產生的效用相等，也即邊際效用相等，則所獲得的總效用可達到最大。故也是最明智或最合乎經濟的選擇消費原則。

六、需求曲線（demand curve）

消費者對各種物品的需求會受物品的價格所影響或決定。需求量與價格呈相反的關係，價高時需求量少，價低時需求量多，故需求曲線在座標上由左上方往右下方彎曲傾斜。對不同物品的需求曲線會因價格變化與需求量變化的關係不同而不同。

七、無異曲線（indifferdnce curve）

所謂無異曲線是指兩種物品產生同等的總效用水準的所有各種組合的軌跡。換言之，在無異曲線上的任何點所代表的消費品的組合給予消費者的滿足程度或效用都相同，也即無差異。

多種物品間會有多種不同總效用的組合，每一不同程度的總效用由一條無異曲線表示，故多種不同總效用的組合，由多條無異曲線所表示。

第四節 需求彈性（demand elasticity）

一、意義與公式

所謂需求彈性的全名是需求的價格彈性（price elasticity of demand），意指當價格每變動一個百分點時，需求量所變動的百分點數。

需求彈性常以需求的價格彈性係數表示，計算的公式為下。

$$Ed = \frac{\%\Delta Q}{\%\Delta P}$$

式中 Ed 為需求彈性係數，$\%\Delta Q$ 為需求量變動的百分點，$\%\Delta P$ 為價格變動的百分點。

二、需求彈性的種類

需求（的價格）彈性可分為三種，即大於 1，等於 1 或小於 1。

㈠大於一的彈性

指某物品每變動 1 單位的價格，消費者對其需求量的變動大於一個單位。

㈡等於一的彈性

指某物品每變動一單位的價格，消費者對其需求量的變動等於一個單位。

㈢小於一的彈性

指某物品每變動 1 單位的價格，消費者對其需求量的變動小於一個單位。

以上三種不同需求彈性的種類分別代表物品的需求量對價格反應程度的不同。彈性係數越大者，表示需求量的反應程度也越大。

三、影響需求彈性的因素

不同的物品需求彈性不同。影響物品需求彈性大小的重要因素有

下列三項：

㈠替代物品的可能性

如果某物品價格變動時，可替代物越多，其需求彈性係數可能越少，因其需求量對價格反應的程度被替代物所沖淡。

㈡物品在預算中的相對地位

物品在消費者預算中所佔的地位越高，其需求彈性係數可能越大，因其對價格變動的敏感性越大，也即消費者越必要關切其價格的變動，而對其需求量作敏銳適切的調整或反應。

㈢所得水準

所得水準的高低關係需求量對價格反應的敏感度也會有所不同。一般所得的水準高者，花錢較所不惜，需求量對於價格的反應會較不敏感，故其彈性係數也會較低。反之，所得越低者，需求量對價格變動反應的敏感度會越高，需求彈性係數也會較大。

第五節　個人的需求線與市場需求線

一、個人的需求線

所謂個人的需求線是指個人對某物品需求量與該物品價格的關係在曲線圖上所表達的路線。這種路線有兩個重要的性質。

㈠一般需求線

是指需求量與價格呈反方向的變動。

當價高時，需求量少，當價低時則需求量多。若將需求量與價格表現在曲線圖上，垂直軸代表價格，水平軸代表需求量，則需求量是在第一象限中由左上方向右下方呈曲線狀傾斜，如圖 2-1 所示：

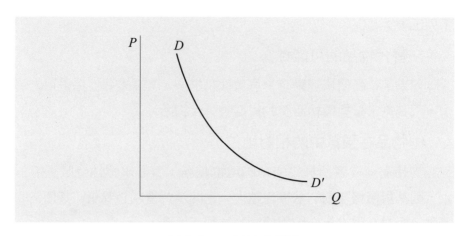

圖 2-1　一般需求曲線

(二)特殊需求線

這是指特殊性的例外，需求是與價格是呈正相關的情形。此種特殊需求如恐慌性的搶購即是。在恐慌的情況下，物品的價格越高，搶購者越眾，需求量也越多。故此時的需求曲線有如供應曲線。如將其表示在座標圖的第一象限中係由左下方往右上方向內彎曲，如圖 2-2 所示。

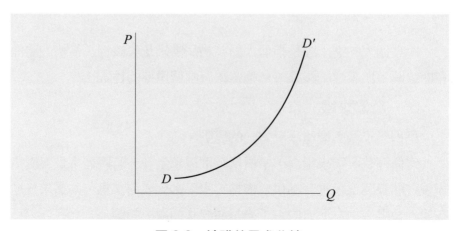

圖 2-2　搶購的需求曲線

二、市場需求線

市場需求線是指在市場上所表現的總需求線，一般都相當於市場上個人需求線的水平總和。故一般此線所代表的需求量都比個人的需求量多出很多，但價格則與個人需求線所表示的價格相同。

第六節　需求量的變動

需求量的變動是探討需求概念的一個重要課題，此種變動可從個人及市場兩大方面加以分析與說明。

一、個人需求量的變動

重要的個人需求量變動原理可分如下兩點說明

㈠需求量變動與物品價格的變動呈反相關。

在經濟學上論個人需求量的變動，一定要將需求量與需求物品價格兩者的變動相提並論。故通常都是指個人需求量與價格變化之間的對應關係，一般的關係是反方向的。當物品的價格下跌時，需求量增加，反之，當物品的價格上漲時，則需求量減少。

㈡需求量變動也有替代效果及所得效果

所謂替代效果是指當某物品價格變動時，消費者對該物品的需求會轉移到其他可替代但價格不變的物品上。如當鳳梨價格上漲了，消費者將對水果消費的需求量轉移到香蕉或蘋果上。

所謂所得效果是指因為所得增加而增加對物品的需求量。當所得增加了，而其他條件不變，則需求量可能增加。反之，當所得減少了，而其他條件不變，則需求量可能減少。

二、市場需求量的變動

市場需求量變動與個人需求量變動的意義與理念有所不同,將重要的三點涵義指出如下。

㈠市場需求量的變動是指許多個人需求量變動的總合。

㈡物品在市場需求量的變動因兩個重要的價格因素所促成,一個是該物品價格的變動,另一是替代物品價格的變動。一般市場上對某物品需求量的變動與該物品價格變動呈反相關,但與替代物品價格的變動則呈正相關。

㈢市場需求量的變動在短期與長期的變動不同,故需求線在兩個不同時間內變化的情形也不同。在短時間內需求量變化的幅度可能不大,但長期之後變化的幅度可能變大。如果在短時間內變化劇烈,則較長期之後,變化可能回復到較平穩的狀態。

第七節　超越數量的物品需求研究

在經濟學上研究需求時,需求量的研究雖是重要的課題,但不是唯一的重要課題。除了量的研究重要外,還有其他的重要研究議題,本節就指出對品質的需求研究及對其他方面的需求研究兩大方面說明。

一、對品質的需求

物品品質的定義有多方面的解釋,其中耐用是很重要的指標,還有以美觀及色香味來表示者,此外,也有以講究名氣表示品質者。

二、對式樣的需求

消費者對物品的需求選擇,有時還超越品質之外,如以大小式樣、款式、新舊、長短、軟硬等其他式樣指標來決定需求與否。

三、其他的需求指標

因為物品的種類千萬種,不同種類物品的價值常以不同指標作為衡量標準,故消費者需求物品時,常以重要的價值指標作為選擇的考慮。

第八節 其他的重要經濟需求議題

本章論需求時主要著重在消費者對於物品的需求,而需求的重要面相為數量,此外也關係到品質及其他方面的指標。本節討論的重點在超越有關對物品需求的議論,擴大到其他方面的經濟需求問題。重要的議題選擇四大方面,也將之作為討論的題目。

一、需求就業與收入

對於就業與收入的需求也可說是很基本的經濟需求,且此種需求常比對物品的需求較為優先,如果無就業無工作與收入,對於物品的需求都是空談,因為無法達成。有關就業需求的詳細內容將在第十三章勞動市場的就業與失業部分作較詳細的探討,於此,先要強調作為一個經濟人首先都會需求要有職業與收入。面對職業的需求,則常以收入水準的高低為重要的評估與選擇標準。職業需求固然要以能賺取更多的收入為目標,但也常以自己能力所及為決定因素。除此,職業需求除受勞動者本身條件的影響外,也受勞動市場條件的影響。

二、需求物價平穩

多數的經濟行為者另一項重要的需求是需求物價平穩。如果物價不平穩，則個人的支出預算很難控制，心理上也會慌張與不安。國民的此種需求，迫使政府需求採用有效的策略來穩定物價，重要的策略包括促進經濟發展，儲備豐富的的必需物資，以量限價，採行制裁哄抬物價者，實施公平稅賦制度，緊縮貨幣供給量，調整產業的結構，改變物品的供需量等。

三、需求豐富的物資與品質

經濟行為者另一迫切的需求是要有豐富的物質及良好品質的財物，使能提高物質生活水準與品質。此種生活上的基本需求，迫使政府不得不努力發展經濟，創造財物，增進財物的供給數量及提升品質。

四、需求經濟發展與進步

綜合經濟行為者的各種經濟需求包括消費者對於總體經濟的需求是經濟要能發展與進步。為能應對消費者的此種需求，政府需要努力的方面很多，從建立並實施有效的經濟發展與進步的政策與制度做起，促使國家有效發展經濟，滿足消費大眾的基本需求。

第九節　經濟需求的差異分析

在討論經濟需求時，差異性的分析也是一項免不了的重要課題。需求差異除從不同個人間去著眼外，還可從不同團體，同社會的不同時代，不同社會等多方面的角度著眼，將之說明如下。

一、不同個人間的需求差異

㈠條件背景差異

在此所指不同的個人，可按其不同的條件與背景而分，就不同的條件看，有收入不同，地位不同，工作的性質不同等，而不同的背景則可分成性別不同，年齡不同，教育程度不同，國籍不同，種族不同，文化背景不同等。由於條件與背景不同，經濟需求的許多方面也會有不同。

㈡需求差異

個人的條件與背景差異所造成的需求差異約有下列兩方面。

1.對同一物品需求的差異

成年人對於成人物品有需求且需求量也較多，但小孩對於成人的物品就無需求，或需求量也會較少。高收入的人對高貴品都有較多的需求，但低收入者則較少有此需求。

2.對不同物品需求的差異

不同條件與背景的人對不同物品的需求也有差異，例如喜歡釣魚的人一定需要釣具，打高爾夫球的人需要球具，但不釣魚的人及不打球的人就分別不需要釣具與球具。教師在課堂上常要用粉筆寫字，但從事其他工作的人對粉筆就少有需求。

二、不同團體的需求不同

社會上常因特殊興趣或功能而組成許多不同的團體，不同的團體則各有其特殊的物品需求。樂團需要樂器，學校或補習班需求學生與教師，電影院需要有觀眾，醫院需要有患者，工廠主需求原料充足，勞工團體需求工作機會與工資收入，消費大眾則需要物價低廉，物品

供應充裕。不同的社會團體不僅需求的物品種類不同，需求的經濟政策也不同。就以企業主、工人及消費大眾三種團體對重要政策的需求差異而論，企業主都普遍需求原料能自由進口及產品對外傾銷的政策，工人則很需求勞動基準法的實施，消費大眾則很需求物價穩定。不同團體的經濟需求所以會不同，也因其利益偏好不同之故。

💡 練習題

一、是非題

(×) 1. 因可替代物品價格變動，而改變對其他物品的需求量，以致對原物品需求量也發生改變，稱為「所得效果」。

(×) 2. 因物價漲跌，所得相對增減，對需求發生改變，這種效果稱為「替代效果」。

(×) 3. 當某物品的替代物品價格上漲時，對替代物品的需求增加，對某物品的需求量則會減少。

二、選擇題

(B) 1. 下列那種物品的需求彈性最少？ (A)土地 (B)食品 (C)鑽石 (D)精品店的服飾。

(D) 2. 兩種物品產生同等的總效用水準的所有組合點連成一起的軌跡所成的曲線是 (A)需求曲線 (B)等量曲線 (C)供給曲線 (D)無異曲線

(B) 3. 某物品每變動一單位的價格，消費者對某需求量的變動小於一個單位，則此種物品的需求彈性是 (A)大於

　　　　　　　1　(B)小於 1　(C)等於 1　(D)無限大。

三、解釋名詞

　　1.需求彈性

　　2.一般需求線

　　3.總效用

　　4.所得效果

　　5.市場需求線

四、問答題

　　1.試論需求法則。

　　2.影響需求彈性的因素為何？

第三章

供　給

第一節　供給的意義、重要性及法則

一、意　義

供給（supply）是指商品的供給，供給者為個別廠商及全市場等。供給量與商品的價格之間有密切的關係。供給量是指在某特定價格下，生產者或銷售者所願意及能夠供應的數量。

二、重要性

供給與需求同為重要經濟動力，市場上因有供給與需求，交易才能發生。供給是應對需求，若無供給，需求無法獲得滿足。市場上若無供給物品，必然顯得匱乏，人民無以生活與生存。

對於經濟活動的功能與貢獻而言，有供給才有交易與買賣，也才會發生價格的概念與問題。消費大眾因有供給才能滿足需求，才有進一步的力量與願望從事更多的經濟活動，包括消費與就業等。有供給也才能引發許多種經濟制度的建立，包括商場上的許多制度及其背後的貨幣制度及消費制度等。

三、供給法則

㈠意　義

供給法則主要是在論物品的供給量與其價格間的關係，此種關係通常是同向變動的。

㈡重要的法則

供給的重要法則有二，其一是物品供給量的法則，指價格上升則供給量增多，邊際成本則提升。其二是供給的替代法則，意指物品的價格變動，物品間的供應可相互替代。

第二節　市場上供給的性質

市場上供給的性質有多項，本節將重要的性質列舉並加說明如下。

一、供給量受價格的影響

物品價格的升降會影響該物品的供給量，一般的影響是，價格升高時供給量增加，價格降低則供給量減少。但也有反常的情形，例如當物品價格升高時，物品的持有者會有惜售的反應，致使市場上的供應量減少。也有因為價格下跌時，物品的持有人擔心會崩盤而拋售，以致使供給量增多，但這種反常的情形都是較短暫的現象，長期以往，供給量與價格是同向變化的。

二、供給量影響價格、消費及需求

供給量與價格的關係不是單面被動的，也具有影響價格變動的主

動角色，且進而也會影響消費與需求。一般供給量的變化會影響價格
作反方向的反應，也即量多價降，量少則價升。供給量對消費及需求
的影響則是複雜的，供給量增多時可能會刺激消費與需求，但也可能
使消費者感覺到物品變為下賤而降低消費量與需求量。反之，供給量
減少，可能影響消費者因買不到物品而減少消費與需求，但也可能影
響其對缺乏的物品更感珍貴與喜愛而在短期間內反而增多消費與需
求，但長期以往終會因為獲取困難而減少消費並降低需求。

三、供給量可增可減

　　一般的商品由於價格、消費及需求的變動而可增可減供給量。但
是市場上也有一些物品的供給量不因其他因素的變動而有明顯變化
者。此種物品多半是屬於稀少物品或禁止消費的物品。前者如鑽石、
黃金之物，後者如武器與毒品。然而後種物品雖然在公開的市場上很
少見有變動，但在暗地裡仍然會受價格、消費與需求的影響而發生供
給量的變動。

第三節　影響供給變動的因素

　　影響市場上物品供給量變動的因素很多，前已提及價格、消費與
需求都是重要因素。本節對於價格因素將再細分，對於消費與需求則
不再多談。另外將從更廣泛角度探討可能影響供給的其他因素一併加
以列舉並討論。

一、原料及其他生產要素的價格因素

　　影響供給的價格要素除了物品的價格外，還有其生產原料及其他
生產要素的價格，後者如工資、利息、匯率的價格等，都是影響產品

供給量的重要因素。這些原料或其他生產因素價格上升，會影響物品的供給量減少。反之，原料及其他生產要素的價格下跌，可能影響物品的供給量增多。

二、其他相關產品的價格因素

因為其他相關產品對某物品有替代作用及互補作用的性質與功能，故當這些替代物品或互補物品的價格變動時，也會影響某物品的供給量。影響的情形會因其他物品與某物品關係的不同而不同。

(一)某物品的替代品價格上升時，影響某物品的供給量減少，因為會影響替代物品的供給量增多。

(二)物品的互補品或聯合產品價格上升時，影響某物品的供給量增多，因為互補品或聯合產品的供給量會增多。

三、預期價格

影響物品供給量變動的價格因素，除了物品當前的價格外，其未來預期價格因素也甚重要。如果其預期價格會上升，供給量可能漸增，反之，如果預期價格下跌，將影響供給量漸減。

四、生產技術

除了價格的因素外，生產技術也是影響供給量的直接因素之一。生產技術進步，可使物品增產的速度加速，因而可增加其產量或供給量。生產技術也會透過影響生產成本而影響供給量，一般的變動趨勢是，技術進步，生產成本降低，生產量或供給量乃為之增加。

五、供給者的單位數

影響供給量的因素中，供給者的單位數也是重要的一項，供給單

位數包括供給人數，或生產組織及團體數。供給的單位數越多，供給量有可能也越多。較多的農民或工人參與生產，很可能使農產品或工業產品的供給量增多。較多的工廠數量參與生產也可能使工業產品的供應量增加。

六、供給者的生產能力

生產者或供給者的生產能力也即是其供應能力，必然會影響供給量。生產能力越佳，供給量可能越多。生產能力的好壞則會受到生產者或供應者的年齡、性別、教育程度、努力工作的程度等的個人因素所影響，也會受其技術水準所影響。一般年屆青壯年者，生產能力都較高。男女間生產能力高低則不一定，而教育程度較高者，技術能力較好者，生產能力都有可能較強。

七、自然及其他因素

影響供給的因素中，自然因素及其他的意外因素都很重要，颱風豪雨常使農漁產量減少。戰爭瘟疫也會使整個社會與國家的工商產品生產量與生產值減少，供給量也隨之減少。但戰爭則有可能導致軍火與武器的供給量增加。瘟疫則有可能導致病害地區的醫護人員及醫藥的供給量增加。於瘟疫消退時，則醫護人員及醫藥的供給量也會隨之減少。

第四節　供給曲線的分析

一、供給曲線的意義與形態

㈠意義與型態

所謂供給曲線是經濟學上表示供給量變化的曲線，此種曲線除包含可供給數量變化的要素外，也包含物品價格變化的要素在內。此兩要素在座標軸上，分別處在水平軸及垂直軸，而供給曲線是表現在右上方的象限中，曲線的方向是由右上方往左下方傾斜，表示價格高時供給量多，價格低時，供給量則減少。

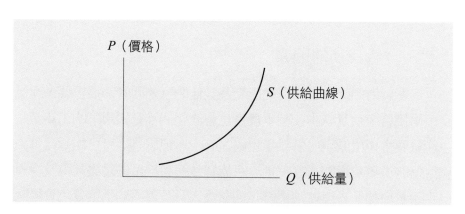

圖 3-1　供給曲線圖

㈡市場供給

市場供給曲線是由市場上個別生產者供給線的水平加總而得。

二、供給曲線的變動

在座標上的供給曲線會因供給量的變動而變動。一條供給曲線表

示供給量與價格間的一種特殊關係，當此種關係變動時，供給曲線也隨之變動。變動的情形有兩種。

㈠平行的變動

此種變動是指價格與供給量變動的比率不變，但總供給量卻有改變。下圖 $S_1 S_2 S_3$ 都處於平行狀態。

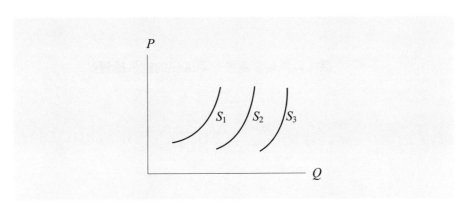

圖 3-2　**價格與供給量變動比率不變的總供給變動**

㈡非平行的變動

此種變動是指價格與供給量變動的比率改變，供給總量也改變。

圖 3-3 由 S_1 變到 S_2 時斜率減少，表示價格每變動一單位時，供給量變動的數量可能少於一單位。由 S_2 變動到 S_3 時，斜率增多，表示當價格每變動一單位時，則供給量的變動數量可能多於一單位。

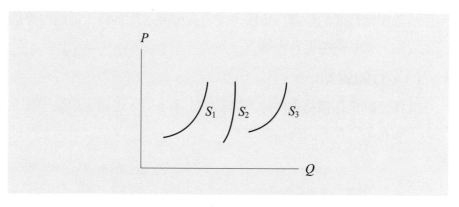

圖 3-3　價格與供給量變動比率改變的總供給變動

第五節　供給彈性（Supply elasticity）

一、意　義

　　供給彈性是供給的價格彈性的簡稱（price elastiticity of supply），較完整意義是指價格每變動一個百分點，供給量變動的百分點數。若用計算彈性的方程式表示，則其公式如下式所示。

$$ES = \frac{q_1 - q_2}{(q_1 + q_2)/2} \div \frac{p_1 - p_2}{(p_1 + p_2)/2}$$

　　式中的 ES 為供給彈性，p_1＝物品在第 1 種時間與情況的價格，p_2＝物品在第 2 種時間與情況下的價格，q_1＝物品在第 1 種時間或情況下的供給量，q_2＝物品在第 2 種時間或情況下的供給量。

二、種　類

　　供給彈性可分下列三類：

(一)**彈性係數大於一。**

此表示物品的價格變動一單位時，供給量的變動大於一單位。

(二)**彈性係數等於一。**

此表示當物品的價格變動一單位時，供給量的變動也等於一單位。

(三)**彈性係數小於一。**

此表示當物品的價格變動一單位時，供給量的變動小於一單位。

三、完全彈性與完全不彈性

供給曲線也可分為完全彈性（也即彈性無限大）。及完全不彈性（彈性等於 0）。在完全彈性下的供給線稱為水平供給線。在完全不彈性下的供給線稱為垂直供給線。完全彈性是指價格固定，供給量會有變動。後者是指價格會變動，但供給量均不變。

四、供給彈性與時間的關係

當其他條件不變，一種供給彈性會因時間因素的長短而有不同。在長期間，彈性很大，在短時間則供給曲線可能完全無彈性。在短期間內由於其彈性不能確知，也使生產者無法因價格變動而改變供給量。

五、供給彈性的應用

物品的供應彈性可應用在兩大方面，(一)是在稅率方面。(二)在投資方面。就在此兩方面的應用略作說明如下。

(一)**在稅率方面的應用**

政府對物品的課稅水準可參考其供給彈性大小而決定稅率的高

低。因為供給彈性的大小表示供給量隨價格變動而變動的反應能力。政府可用課稅來改變物品的價格，故也可用為調節其供應量。

㈡在投資方面的應用

投資的目的在賺錢，但能否賺錢則要看所購買的物品的價格能否上漲而定。物品價格的上漲率與其量價變動的關係程度有關，當價升量增的幅度大時，表示其供給彈性大。反之當價升量增的幅度小時，表示其供給彈性小。供給彈性大者，投資時變動的價格與數量的乘積可能較大，可賺的數目可能較大，但可能損失的數目也會較大。供給彈性小者，投資時變動的價格與數量的乘積可能較平穩，可賺的數目也可能較少，但可能損失的數目也會較少。投資者若為較冒險型者，可能較願意投資供給彈性較大的物品。反之，投資者若為較保守型者，則可能較願意投資在供給彈性較少的物品上。

第六節　供給均衡與不均衡

一、意　義

供給均衡的意義是指市場上對某物品的供給線與需求線的交會點。此時市場上此物品的價格均衡，供給也均衡。當市場的供給在供需交會點以外的各種情形，則供給都不均衡。主要的不均衡點情形有兩種，一種是供過於求，另一種是供不應求。供過於求時引發價格下跌，供不應求時則引發價格上漲。價格下跌時則又使供給減少，而價格上漲時則致使供給增加，供給變動的結果有可能又使供給回歸到供給量與需求量相等的情況，也即又回歸到新的均衡點。

二、均衡分析的應用

　　市場上供給均衡與不均衡分析的應用有兩個重要的著眼點,其一是在於可用為分析何種市場狀況,其二是在於可用為作何種應對的交易行為。先就可用作分析何種市場狀況言,可再作下列幾點更細的分析。

　　第一,供給均衡點關係高低水準的不同價格。不同的供給情況,相關聯的價格水準可能有高有低,也即有些供給均衡點的關聯價格是高價位,另些供給均衡點的關聯價格是低價位。一般百貨公司或精品店的供給均衡點所關聯的價位都較高,由於其供給條件較佳,如有冷氣設施,有較多高級物品可供選擇,因此也可符合較高程度的需求。反之,路邊攤或菜市場的供給均衡點所關聯的價位都較低,所符合的需求水準也較低。

　　第二,高低價位的市場間具有互動性,而非彼此獨立性。逛百貨公司或精品店的人不一定永遠都是跑這種銷售高價位貨品的地方,當其所得變低時,或其看穿了高價位的物品並不絕對比低價位物品的品質良好時,可能就不再堅持一定要到高價位的市場消費。此外,高價位市場的物品與低價位市場的物品也有相流通的時候。常見百貨公司倒閉時,貨品即流入到路邊攤。

　　第三,高低價位市場的安排受政府的管理辦法或制度直接的影響,受兩者間的互動間接影響。或說受政府的規定或制度的影響較多,受兩者互動的影響較少。

　　第四、供給均衡點所決定的價格有多種,分為名目價格或定價及實際銷售價格或售價之分。

　　再就供給均衡可用作何種應對交易行為而言,則包括可應用到對市場的選擇,如到高價位市場交易或到低價位市場交易,或在兩者間

作適當的分配。此外也可應用到在特定供給均衡點上選擇適當的交易量。

第七節　供給者、供給物品的差異性與供給社會

一、供給者

市場上物品的供給者可分成許多種類，就其供給的功能不同而分，重要的不同供給者有下列諸種：

㈠生產者

生產者是市場上物品的最原本供給者。各種物品的供給始自生產者，農產品的生產者是農民，工業產品的生產者，則以廠商為代表，雖然實際的生產操作者都為工人，但工人缺乏產權，有產權者是廠商，故為工廠產品的代表者。服務業產品的生產者也以提供服務的商家為代表。藝術品的生產者則都為藝術家，包括畫家、書法家、雕刻家等。

㈡運銷商

運銷商在供給過程中雖非提供物品的最原創者，但其重要性往往不亞於生產者。沒有運銷商的工作，物品無法到達購買者或消費者的手中。

運銷商從最接近生產者到最近消費者之間，又可細分成許多種類，從集貨商到批發商、到中盤商而後到零售商。不同種類的商人對供給的功能與角色各有不同，售貨的價格也各有不同。一般在越上游的供給者，所支出或所獲得的價格都越低，到了零售商，交易的價格

最高。中間的差價是其服務成本與利潤。多半的供給者出售貨品的價格都能合理，其獲得的利潤也合理。但也有因拱抬價格獲取不當利潤的供給者，例如在蔬菜供應者中存有多取利潤的所謂「菜蟲」。

二、不同物品的供給差異性

市場上的不同物品，在供給量、供給價格及供給過程上各有不同的差異性，就此三方面的重要差異扼要說明如下：

㈠供給量的差異

物品供給量上的差異可分有限供給及無限供給兩大不同情形，有限供給的物品都為稀少物品，或自然物品，因為在世界上儲存量有限，供給量也有限。無限供給的物品則是指科技產物，包括許多工業製品或加工品，其原料幾乎可無限供應，故其產品也可無限供應。以水、鹽及農產品為原料的製品及加工幾乎也都是無限供應的物品。

㈡供給價格的差異

不同物品的供給價格會有高低不同的差異，即使同種的物品之間，其供給的價格也會因為品質的不同或需求不同而有不同差價。一般同種物品之間的價格差異較少，不同物品之間的價格差異則較大。

㈢供給過程的差異

此方面的差異內容相當複雜，屬於產品運銷研究與分析的課題，重要的差異，無非在運銷的距離、中間層次、運銷過程中的技術處理，以及相關制度等方面。就以農產品運銷過程或供給過程中必須採取冷凍保鮮的處理，這是許多工業產品的供給過程中所不需要的程序。

三、供給社會

從供給面來看社會的性質，可說具有許多特性，以這些供給的特性著附在社會的性質上，乃可稱為供給的社會，或供給社會。供給社會的重要涵義與性質的可分成下列幾方面觀察與了解：

㈠社會上需要供應多種物品

這種性質主要是因為社會上的人有多種需求，所需要的物品都會激發出供應，包括經由生產、製造或運銷而供應。

㈡不同的物品由不同的人或不同的單位供應

此種供應性質是因為社會分工的結果，由不同的人或不同的單位供應特定的物品，可供應較好的物品，因為每個供給者或供給單位都會較專業。

㈢各種供給品會有價格差異及彈性差異

此種差異的產生原因複雜，包括需求不同，供給品的原料來源不同，供給的過程及使用的技術不同，成本不同等原因所造成。

㈣社會上重要的供給品也有多種

重要的供給品約包含食品、日用品、知識、訊息、技術等。不同的供給品給人的滿足與功能都不同。

㈤供給力量凌駕需求力量

所謂供給社會的一項重要涵義是供給力量駕需求力量。因為前者的力量勝於後者，社會上乃充斥許多不必要的供給品，成為需求的餘物，或不值得需求之物。此種供過於求社會的形成與科技進步的因素大有關係。

㈥供給的變遷

供給社會的性質或社會上供給的性質之一是具有變遷性，也即會因時而變。有關供給的變遷內容，下列幾點是很重要的。

1.變遷趨勢與方向

供給品的變遷趨勢包括量變與質變，而變遷的方向在量的方向可能變少或變多，在質的方向則可能變好或變壞。

2.影響變遷的因素。

重要的因素包括人口、偏好、資源、技術與政策等。

3.出現的問題

供給變遷的結果會出現些問題，重要的問題可能包括供不應求或是製造垃圾、污染與傷害等。

四、社會上重要經濟變項的供給研究

過去經濟學家研究物品供給時所選擇的重要變項有多種，這些方面的供給研究都有其特殊背景與內容，於此選擇若干重要研究變項，並扼要說明其研究的重要背景與內容。

㈠糧食供給的研究

因為糧食是民生的必需品，社會上必須有供應充裕的糧食，否則會發生饑荒的問題。當自然災害或戰爭發生時，糧食供給會出現短缺的問題，乃引發研究問題的處理與改善的迫切性。

有關糧食供給研究的重要內容，在短期時間很著重供給的數量，補充的來源與策略等。在正常供應的時期，有關糧食供給的研究要點，則常集中在糧食供給安全性的研究上，包括數量的安全性，與品質的安全性等的研究。

(二)人力供給及人才供給的研究

一個社會常會因為經濟或教育發展失調或因人口與人力的遷移而產生人力供給及人才供給的問題，在此種時期或情況下，有關人力供給及人才供給的研究乃成為熱門的課題。

人力及人才供給研究的重要內容難免要涉及適當數量的估計、人力及人才供給失常或失調所引發的社會經濟問題，以便調整供給的政策等。

(三)生活必需品供給的研究

消費者及社會大眾平時的生活必需品除了糧食以外，還包括許多其他的物品。這些物品的供給是否正常，對人民及消費者的福祉與利益關係重大。故當供給失常時，乃會引起民眾及學者對之加以研究的興趣。重要的供給失常時機，莫非以價格大幅上漲之時為最。故對生活用品供給的研究常與通貨膨脹連結一併進行。而研究的重心可能放在兩者的相互影響，以及有效控制生活必需品漲價及供給缺乏的策略上。此外有關生活必需品供給失調對國計民生影響也常是研究的重心所在。

(四)生產原料供給的研究

多數的工業生產都要注入原料，原料的供給研究乃是產業發展研究的重要環節。有關生產原料供給受到研究者重視的時機是在原料供給困難之時。有關此一問題或困難的研究，則常牽涉國際關係或外交變動對原料供給困難與問題的影響。原料及其來源替代策略之研究，以及原料供給短缺的後果等也常是重要的研究課題。

(五)能源供給的研究

能源是一種很特殊的供給品，在許多國家，包括臺灣是重要的能

源輸入國，但有些國家如中東諸國則是能源的重要輸出地區。能源供
給的研究可能會受到重視，特別是當能源供應產生危機時。

　　有關能源供給研究的重要課題包括供給危機的程度，補救能源短
缺的可能性以及重要途徑，能源短缺的後果，以及愛護能源的策略與
辦法等。

五、當今社會物品供給的特徵

　　仔細思考與觀察當今社會上物品供給的特徵約有下列四大點，此
四大特徵都係與以往的物品供給特性相比較而得到的。

㈠大量的生產與供給

　　當今機械化與自動化的生產方法使產量大增，形成大量生產與供
給的特徵。大量生產為消費者提供充裕的物品，也刺激大賣場的成立
與設計。消費者常有消費不完的物品，形成屯積的累贅與麻煩。嚴重
者會造成經濟衰退或廢物堆積滿地。

㈡遠距離的供給

　　當今的供給現象雖然還包含不少近距離供給的現象，但也有不乏
遠距離供給的情形。最遠的距離則可能跨越國家或海洋。從事國際貿
易的物品供應商，所提供的供給都是跨國或越洋的。

㈢快速度的供給

　　當今商人對物品供給的速度相當快速，此也為當前供給上的另一
重要性質。物品的流動常使用快捷的飛機、輪船、火車與汽車等。在
運輸物品之前，又常先經過電訊，郵政的連線處理。

㈣品牌多樣化，同品牌規格標準化

　　當今物品供給的另一特點是品牌多樣化，同品牌的規格則很標準

化。品牌多樣表示供給者多，同品牌物品的規格則都很標準化，表示
式樣相同，尺碼相當，當物品損壞時，只需更換零件，便可完好運
作。

練習題

一、是非題

(×) 1. 供給曲線是從左上方往右下方傾斜。

(○) 2. 長期供給彈性比短期供給彈性大。

(○) 3. 運銷商也是物品的供給者。

二、選擇題

(D) 1. 下列供給量與價格的關係那一種是錯的？　(A)價格上
升影響供給量增加　(B)價格下降，影響供給量減少
(C)供給量增加會影響價格下跌　(D)供給量減少也會影
響價格下跌。

(A) 2. 供給曲線若為水平，是指　(A)價格固定，供給量有變
動　(B)價格變動，供給量不變　(C)價格與供給量均變
動　(D)供給量與價格都不變。

(B) 3. 當今社會物品的供給特徵那一項是錯的？　(A)大量生
產與供給　(B)限於近距離的供給　(C)快速度的供給
(D)品牌多樣化的供給。

三、解釋名詞

1. 供給曲線的平行變動。

2. 供給彈性。

3.供給社會。

4.供給彈性的種類。

5.供給均衡。

四、問答題

1.供給的重要法則為何？

2.試論影響供給的因素為何？

3.供給均衡分析的應用為何？

第四章

市場與價格

第一節　意義、種類與重要性

一、市場的意義

市場是指物品的供給與需求交會的地方。也即是買賣雙方交換物品或服務的場所或安排。

二、市場的種類

市場的種類很多，依交換物品或服務與消費者的遠近而分，可分為產地市場、批發市場及零售市場。依買賣物品的種類而分，可分為果菜市場、魚產市場、服裝市場、證券市場等。依市場的層級而分有傳統市場、超級市場之別。依市場規模而分有小型市場、百貨公司及大賣場的差別。依開放時間的不同有早市、日市、黃昏市場及夜市等的不同情形。總之，市場為方便買方或賣方而分成許多種類。

三、市場的重要性

市場的重要性在於方便給需求者及供給者交會，有市場交易與買賣才能發生，貨品才能流通，也才能發揮用途，供給者與需求者也才能滿足。

四、價格的意義

價格是指需求者及供給者都同意的每單位物品的買賣價錢。

五、計算單位

計算價格的單位有多種，有的用長度，有的用件數，有的用重量，有的用容積如公升或加侖等單位來衡量。

六、價格的重要性

價格會影響或決定需求與供應的數量，透過價格的機制也可決定經濟資源的流動與分配。

七、價格的種類

市場上物品的價格有兩種，一種是貨幣價格（money price），另一種是相對價格（relative price）。貨幣價格是以貨幣或金錢所表示的價格，如以新臺幣、美元、日圓、港幣等來表示。目前一公斤的水果大約數 10 元新臺幣。相對價格是以一物交換或比較另一物的價格，如香蕉一公斤 25 元，鳳梨一公斤 40 元，則鳳梨的價格是香蕉價格的 1.6 倍。或反過來香蕉價格是鳳梨價格的 0.625 倍。

價格的意義在於相對性，兩物價格相比可看出某物價格的高低。將一物的價格與收入水準相比，也可深深感到價格是高或是低。當一物品的相對價格偏高時，其貨幣價格必要下跌，否則沒人要。反之當一物品的相對價格偏低時，其貨幣價格必會上升，否則賣者會吃虧。

相對價格對於買賣決定的影響力大。相對價格太高時，購物者可能決定不買，或購買其他物品為之代替。反之，相對價格低時，購買者可能搶購，但賣方可能不賣。對個人而言，相對價格的意義大於貨

幣價格，雖然每人買賣物品時也都注意貨幣價格，但卻將價格與他物買賣價格作比較，或與同物在不同時間的價格作比較，才能察覺價格的高低，而決定是否要買或要賣。

強調相對價格重要並不表示貨幣價格就不重要。貨幣價格的重要性在總體經濟方面較顯著突出。通貨膨脹表示貨幣價格的上升，對國計民生的影響至鉅。當個人收入固定時，物品的貨幣價格便具有相對價格的意義，對其購物與消費的選擇影響也大。

第二節　市場均衡的分析

一、意　義

市場均衡的分析是指分析市場上對物品及服務的供給與需求如何交互作用，如何決定價格，及如何恰當配置資源之意。其中以價格的決定一項是重要的分析內容。因為價格決定了，需求量與供給量也會隨之被決定。

二、均衡價格與供需量的決定

(一)均衡價格的決定與變動

1. 均衡價格的決定
是指供給量與需求量相等時所決定的價格水準。

2. 價格的種類
價格包括絕對價格及相對價格兩種，絕對價格是指每單位數量、重量或容量等的價格，其目的是在用來計算或衡量一般物價水準的高低。相對價格是指一物對一物的交換價格，也即以一物可換得他物的數量。在貨幣經濟的時代，交換價格常透過先換成貨幣而後再換進他

物。相對價格可反應機會成本。可交換他物的數量多,表示對他物的機會成本低。反之可交換的他物數量少,表示其機會成本高。

3.需求價格與供給價格

市場上的價格也可分為需求價格與供給價格,需求價格是指消費者購買對應物品的需求量所願支付的最高價格,供給價格則是指生產者提供對應物品的供給量所要求的最低價格。

4.不均衡價格及其調整

市場的均衡價格會因供給量與需求量的變動而發生變動或不均衡狀態。當需求量不變,供給量變多時,價格可能下跌,反之,當供給量不變,需求量變多時,價格可能上升。當供需價格一方變動時,兩者之間形成不均衡狀態。為使市場的供給量與需求量再達成新的平衡狀態,則必要調整價格。由漲價可使供給量增加,需求量減少,由減價則可使供給量減少,需求量增加。

(二)供需量的決定與變動及其影響

1.物品的供給量會因價格、技術及相關產品價格等發生變動而產生變動。供給量增加,可影響價格降低,反之供給量減少,可能影響價格升高。

2.物品的需求量也會因偏好、所得及相關物品價格等發生變動而產生變動。需求量增多,可能影響價格上升,反之需求量減少,可能影響價格下跌。

三、價格機能干預

(一)意 義

所謂價格機能干預是指在自由經濟制度下,由資源的價格來決定其如何使用,包括用來生產什麼,如何生產,生產多少及何時生產

等。或由干預物品的價格來決定是否購買與消費，購買或消費何物，及何時購買及消費等。

(二)干預的種類

價格機能干預的方式或種類有兩種，一種是以量制價，另一種是價格管制。以量制價是由放鬆或緊縮供給量使價格下跌或上升。價格管制是指直接管制物品的價格來影響其供給量及需求量與其他。

(三)干預的後果

價格機能干預常出於善意，也會產生以價制量的預期效果。但隨便干預價格，常會擾亂市場秩序，也使美意難收良好效果。常言「穀賤傷農，穀貴傷民」，是指農產品市場上的價格若因不當的干擾，會失去穩定秩序，可能影響農民的生產代價與意願，也可能傷及消費者的權益與需求。

四、價格彈性的分析

(一)意義

價格彈性（price elasticity）是衡量由價格變動所引起的供需數量變動的敏感度指標。如所引起的變動幅度大，表示價格彈性敏感度或係數大，否則為小。

(二)為何要衡量

因為市場的性質不同，每增減同單位的價格，需求量與供給量變化不同。當市場上增減不同單位的價格，供需量的變化複雜。為了解物品供需價格彈性的大小，以便預測及控制供需量，乃必要研究市場上各種物品需求及供給的價格彈性。

㈢如何衡量

1.孤彈性及點彈性

物品的價格彈性可分孤彈性（arc elasticity）及點彈性之別。所謂孤彈性是指供需曲線上一段距離（孤）的價格彈性。點彈性是指供需微量變動所計算的價格彈性。所謂微量是指性質上相當於一點上的彈性。

2.價格彈性的範圍在零與無限大之間

3.供需的價格彈性大小的例證

就理論上言，對民生必需品需求的價格彈性小，奢侈品如鑽石及精品衣飾的需求價格彈性大。有限供應物品的供給價格彈性小，如土地，無限供給物資的供給價格彈性則較大，如各種加工業製品。

第三節　供需價格彈性的決定因素

物品的價格彈性可分為需求價格彈性與供給價格彈性兩方面說明。因此論價格彈性的決定因素也必要分成供給價格彈性及需求價格彈性兩方面的決定因素說明。

一、供給價格彈性的決定因素

供給價格彈性的重要決定因素有下列四項。

㈠生產品的用途

生產品用途的種類越廣，供給的價格彈性越大。否則供給的價格彈性越少。

㈡生產成本變動的敏感度

一般物品的生產成本變動的敏感度越大，物品的供給價格彈性也越大，反之，則供給價格彈性也越小。

㈢時間的長短

時間越長，供給價格彈性越大，反之時間短，供給的價格彈性也越小。因為時間長，物品各種供給因素變化的幅度大，故一種物品的供給量變化也會較大。

㈣技術條件

技術容易的物品，供給的價格彈性會越大。反之技術較難的物品，供給的價格彈性則越少。因為技術容易的物品，供給量變動的幅度大，每變動一單位價格，可能變動的供給量也較多。

二、需求價格彈性的決定因素

影響物品需求價格彈性的重要因素也有四種，將之分析說明如下。

㈠替代品的多寡

物品的替代品越多，物品的需求價格彈性越大。因為當物品每增減一單位價格，使用替代品的可能性越大，對該物品需求量的減少或增加幅度也會很大，也即其需求的價格彈性大。

㈡該物品消費支出佔所得的比例

此項比例越多，則需求的價格彈性會越大。因為比例越多，消費者需求某物品時對其價格升降會越在意。敏感度越大，改變需求量的程度也會較大。

(三)時間的長短

經歷時間趨長,需求的價格彈性會趨大。因經歷的時間趨久,影響該物品需求的因素變動的幅度大,每當變動一個單位價格時,需求量的變動幅度也可能趨大。

(四)物品的種類

若所需求的物品為必需品則需求價格彈性較小,若為奢侈品,則需求價格彈性會較大。因為必需品每變動一單位價格,需求量變化不大,因為都必需使用與消費。但若是非必需品,如為奢侈品,則當價格變動時,需求量的變化會較大。

第四節　供需價格彈性的影響及運用

一、供需價格彈性的影響

物品供需價格彈性有大小之別,彈性大小不同影響價格變動關係的大小也不同。因此也會影響到需求與供給的總量,甚至會影響生產者或供給者的總收入。以需求的價格彈性小的農產品為例說明,要以價格變動來影響需求量或供給量變動的可能性不大。市場上供給量受自然因素變化的影響極大,自然條件好時變成豐收,條件不好時則形成歉收。豐收時價跌,形成穀賤傷農的後果,歉收時價漲,成為穀貴傷民的後果。

反之,奢侈品之類需求的價格彈性高,當價格變動時,需求量的變動大,市場上的總交易量的變動幅度也大。

由上述可知物品需求的價格彈性會影響總需求量,也影響總供給量,最後則會影響總收入。彈性大者影響程度大,彈性小者影響的程度也較小。

二、供需價格彈性的運用

因為供需價格彈性會影響總供需量或市場上貨品的供需量，最終會影響總收益。故社會上可由運用價格彈性的變數來改變需求量及供給量，以便影響總收入或其他。可運用的原則與機制有下列諸項：

㈠基本上可以價制量

1. 基本上不論價格彈性大小，對數量都會有影響，因此也可由控制價格來控制數量及總收入量。

2. 價格彈性大的物品以價制量的效果會較大，即使價格改變幅度小，增加銷售量及總收入的效果也大。常見商家以薄利多銷的策略來維持或增進營利與收益。

3. 價格彈性小的物品以價制量的效果相對較差。價格彈性小的物品要控制價格來改變銷售量及收益的效果都較低。

4. 價格彈性已知時，由提升價格，可能減少銷售量，故總收益可能增多也可能減少，究竟能增或能減，則要看價格上升後銷售量的減少幅度大小而定。若銷售量減少的百分比小於價格上升的百分比，則總收益會增加，反之，若銷售量減少的百分比大於價格上升的百分比，則總收益減少。

㈡不同物品的供需價格彈性不同，可運用為轉嫁租稅的效果不同。

需求彈性越大的物品，可轉嫁的租稅額越少，因為其價格本身變化的可能性很大，需要由轉嫁租稅來改變價格的程度不大，故可轉嫁租稅額也較少。

㈢土地資源可經由政府政策機能的干預而改變供需的價格
彈性，因而也可改變其成本以及使用後的獲益。

經社會影響其用途的改變。政府的三七五減租，影響農民對土地
需求價格的彈性，成本減少，獲益增多，使用上也更趨精密。

第五節　市場上供給政策的運用

市場上供給是物品交易運作的兩個輪子之一。政策上由調整價格
可影響供給量，因而也會影響生產者及消費者的利益。本節先分析由
漲價增加供給，再論跌價而減少供給，最後再論供給政策目標的選
擇。

一、由漲價或增加供給

當市場上某物品的供給量偏少時，政策上可採用調高該物品價格
及增加供給量的政策，以補充供應量，也藉此以達到供需平衡並壓低
價格，造福消費者的目的。有關漲價政策的實施，可由政府直接宣
佈，或由物品公會等組織宣佈實施。至於增加供給量的政策或方法，
主要有三種。一是增產，二是輸入，三是傾出存貨。不同物品的增產
策略及方法不同，如為農產品則可由增加投入原素，包括土地、人
力、資金及技術。如為工業產品則較有效的策略是擴大規模，包括拓
寬廠房，增加人力與資金及改進生產技術。

輸入政策主要可由降低關稅及外匯匯率，建立貿易夥伴，改善運
輸條件等。傾出存貨的策略，僅在社會上有存貨時才能使用，使用後
也才有增加供給的效果。常見的存貨有糧食、油料等，幾乎都為日常
生活用品。

二、由跌價或減少供給

降低物品的價格可減少市場上此項物品的供給量，因而可使原來供多求少的失衡狀態而達成供需的均衡。為使物價下跌或減少供給量，政府還可由管制單位直接宣佈某物價降低，或由提高外匯的交換匯率提升某種進口物品的進口成本，減低利潤，以便減少物品的進口量。

其他可減少供給量的策略或辦法還有下列三種。

㈠減　產

農業及工業產品都可由減產而減少供給量。農業方面要減產可由減少某產物的種植面積，減少投入人力及資金等。工業的減產，策略與方法上也同樣可由減少廠房設施、投入人力及資金，以及放棄先進的技術。

㈡收購儲存或廢棄物品

市場上物品供給量的另一減少政策是收購儲存及廢棄。對於大量生產及完全競爭的物品要經由此種策略達到減量目的不很容易，但對於產量較少又是獨佔的物品經由此法達成減量的目的並不困難。收購儲存者或將物品廢棄者都存在希望物品因為量減而能漲價。臺灣米酒及大蒜漲價時都有商人乘機收購儲藏等待價格再上漲後銷售獲利。將貨品廢棄使數量減少的事例曾有農會將轄區內生產的芒果倒入河中，也有外國農民將生產過多的牛乳灑在街道上的情事，不過由這些舉動要達到減量的效果不易，目的在能引起政府及社會大眾注意，藉以博得同情改善交易條件。

㈢促進消費刺激需求

促進消費刺激需求可將市場的現存量減少。但也有可能刺激再生產及再增多供應的反效果。必需所消費與需求的產品不再製造生產，存量才能減少。農產品盛產時，常見產地的行政長官到消費地示範消費以利促銷，藉以減少產地存量的壓力。此外也常見百貨公司在換季時，將前季的衣物削價促銷，藉以減少存倉的壓力。在競爭劇烈的商場，可用以促進消費刺激需求減少存量的噱頭及方法很多，拍賣、試用、附送贈品等都是重要的策略。

三、政策的選擇目標

市場上供給政策的運作除常見由調整供給量以影響價格的重要政策外，尚有多種政策上的選擇目標與考慮，下列是這些不同的政策選擇目標與策略。

㈠消費者利益至上的選擇目標

與供給物品有關的最多數人口是消費大眾，因此政府在考慮物品的供給政策時，常以消費者利益至上為最主要的選擇目標。此方面的重要目標無非在使供給量充裕，不使消費者因購買不到貨品而有所缺憾。針對保護消費者的利益，供給安全的用品也是另一重要目標，此外設定公平的供給價格不使消費者因價格不公而吃上暗虧，也是另一重要的選擇目標。為使消費能達到上述的幾項目標，政府組織中設有公平交易委員會專掌有關公平交易，藉以保護消費者利益。民間也有專為保護消費者利益而成立消費者文教基金會的組織。

㈡為生產者利益的選擇目標

市場上交易雙方的另一方是生產者，當消費者利益被選擇考慮的同時，生產者的利益也需被考慮才算公平。生產者利益的考慮要點至

少要能涵括下列諸點，1.不宜使售價太低以致無利可得或虧損，2.產品要有良好的銷售管道，3.不容有中間剝削者，以致在產品運銷中控制與操縱銷售量與售價因而嚴重損及生產者利益，4.要有適當的產品交易儲藏與加工場所或設施，藉以保護產品的適當利用，5.要有以保證價格收購產品的政策機制，不使產品因產量過多而傷及生產者利益。

(三)為政府利益的政策考量

政府是市場上供需物品過程中的仲裁者及監督者，具有維護生產及消費者雙方利益均等的重責大任，為能使政府有足夠的能力來盡其職責，達成任務，不至形同虛設，在供給物品的過程中，也有幾項為政府利益考慮的重要政策。這些政策包括，1.抽取傭金或課稅，2.禁止供給與需求的政策。此種政策如禁止毒品的銷售及吸食，目的在保護全民健康及維護全國社會經濟的安全及政府的威信與尊嚴，3.政府專賣與公營的政策。政府為開發財源，曾設有專買的政策，目的在增加政府的收入。臺灣曾有採行菸酒公賣的政策，以及電力電訊、用水、鹽礦、鐵路等公營化的政策，目的在保護政府的收入。

(四)經濟的政治考量

不少商品的供給政策也與政治考量有關，如為投支持政府的派系人士之所好，而開放某些商品的經營權。也有為打擊反對派系的勢力而採行禁止某些商品或服務的經營權。過去臺灣曾實施報禁，只准許少數幾家支持執政黨的報社出版，卻禁止反對派系報紙的發行。這些政策都有藉經濟政策來影響政治的目的。目前最常見的政治考量的經濟政策是開放具有良好經濟利潤的經濟事業讓政治權力人士經營或供應產品，重大公共工程的給標最常具有政治考慮，得標者常是高層民意代表或其背後的集團。

第六節　市場的階層結構與價格特性

　　商品的交易市場依由上而下的垂直階層結構而分,約可分為五個不同層級,且在不同層級的市場,交易價格各不相同,五種不同層級的市場則是,一為產地市場,二為運銷市場,三為批發市場,四為中盤市場,五為零售市場或消費市場。交易價格由上層至下層逐層逐增。就此五種市場的性質及其價格結構的特性,說明如下。

一、產地市場結構及價格的性質

　　市場系統的最先前的一關是產地市場,可說是所有市場中的最先前市場。在此市場上交易的性質主要是集貨,也即由小販向生產者買貨集貨,而後賣給產地的運銷商,再由其運銷給消費地的批發商。如果生產者是大型的企業廠商,通常不會有產地小販向其購物。但小農生產者仍會將產品賣給在產地集貨的小販。

　　在產地市場的價格是所有市場交易價格的最低價,合理的價格相當於生產成本加上生產者的利潤,有些消費者為能購買較廉價的產品,可能到產地直接向生產者購物。

二、運銷市場

　　運銷市場是指運銷商在產地購買收集較大批貨品以後,大批運銷至消費地,轉賣給消費地的批發商。運銷市場跨越的地域廣闊,包括自產地至消費地之間,也可能自輸出國至輸入國之間,此種關係間的運銷市場,通常也是貿易市場。在輸出國是由出口商經營,在進口國則由進口商經營。運銷市場的交易地點有在輸出地交易決價,也有在輸入地交易決價。

在輸出地交易決價的價格水準約為輸出商購物的成本加上其合理利潤。輸出成本有加上及不加長途運貨的兩種不同情形,由輸出者及輸入者約定的交易方式所影響與決定。

三、批發市場

此種市場是指在消費地的最高層市場,批發者有可能為進口商,或由進口商轉售的大批發商人。批發市場通常都附設有倉庫,供為存放貨品。交易的數量大是其特點。

批發市場的價格一般都高於產地價格,但低於中盤市場的價格。由於批發的數量大,批發商的損益數量也大,常為大商人搶奪的地盤。

四、中盤市場

消費地的批發商為能開展市場,拓寬銷路,常在其下層設置中盤商,開拓中盤市場與銷路,再由中盤商開展零售市場及零售商。以臺灣而言,中盤商的銷售範圍可能是數個鄉鎮或數個縣市。中盤市場的角色是承接批發商或大盤商的貨源轉手給零售商。中盤市場的價格都比批發市場的價格高,但比零售市場的價格低,其價格水準是相當於批發價加上中盤商的成本及利潤。

五、零售商場

此一層次的市場是最接近消費者的市場,也是消費地的最基層的市場。如以日用品的零售市場而言,都混合或潛藏在住家附近,以能接近消費者為主要考慮。傳統等市場及今日的超商,以及街道上的小店都是典型的零售市場,購買者都是消費者,買貨不是為轉售,而是為直接消費。零售市場的價格是最終價格,也是最高價格。價格水準相當於中盤商價格或零售成本,加上零售商的利潤。

💡 練習題

一、是非題

（○）1.相對價格是交換價格。

（×）2.必需品的需求彈性高，奢侈品的需求彈性低。

（×）3.價格機能干預僅指以量制價，不關價格管制。

二、選擇題

（ B ）1.一般需求量和價格的關係是：　(A)呈正比　(B)呈反比　(C)不相關　(D)可正可負。

（ A ）2.市場上需求量不變，供給量變多時　(A)價格可能下跌　(B)價格可能上升　(C)價格也不變　(D)價格漲跌不一定。

（ B ）3.供需曲線上一般距離的價格彈性是　(A)點彈性　(B)弧彈性　(C)零彈性　(D)小彈性。

三、解釋名詞

1.市場的類型

2.以價制量

3.市場的階層結構

4.價格彈性

5.均衡價格

四、問答題

1.試論供給價格彈性的決定因素。

2.試論市場上供給政策的運用。

第五章
企業的市場處境──
完全競爭、不完全競爭與獨佔

　　企業、廠商或生產者因其產品性質的不同，及其生產規模性質的不同，在市場上會有不同的處境，重要的處境類型有三種，即是完全競爭（pure or perfect competition），不完全競爭（im-pure or im-perfect competition）及獨佔（monopoly）。本章就企業或廠商在此三種不同處境下的經濟性質加以分析與說明，重要的內容與範圍包括分析與說明市場性質、價格的決定、產量的決定、利潤的獲得等。

第一節　完全競爭市場的意義與性質

一、意　義

　　完全競爭市場是指在此種市場上的個別企業或廠商處於與他人完全競爭的情勢，本身對於價格無決定的力量或影響力。

二、完全競爭市場的性質及企業或廠商的處境

　　綜合完全競爭市場的重要性質及企業與廠商在市場上的重要處境約有下列數點：

㈠市場上企業、廠商或生產者的數量很多

企業、廠商或生產者數量之多，可能成千上萬。就以農民為例，全臺灣的農家數有數十萬，農民數有數百萬。

㈡各廠商、企業或生產者的產品同質性高

產品的同質性高表示差異性小。意指其外形、品質及功用之間的差別或差異都很少。

㈢各廠商、企業或生產者可自由進出市場，市場上的產品也可自由流動。

在完全競爭市場上，生產者的廠商或企業可隨意擴廠或關廠，也即可自由進出市場。只要能力所及，又自己願為，進出市場均不受到約束。

㈣各廠商或生產者是價格的接受者

完全競爭市場下的生產者或廠商所供給的產品數量佔市場上總供給量的比率極微，故對價格無決定力量，只能接受市場決定的價格。

㈤農產品市場是最佳的例證

在各種不同產品的市場，農產品市場是最符合完全競爭的市場，每位生產者的農民所提供的生產量或供給量都很有限度，農民數量又多，故每個農家農場或農民的產品價格都由市場決定，個別農民、農家及農場對於市場市的價格都無決定力或影響力。

㈥供需雙方充分了解市場的訊息，包括價格與產品的品質

在完全競爭下的生產者或廠商的處境都很公開，也都很透明化，彼此都可了解對方的特質及訊息，包括價格及產品的品質。

三、完全競爭市場的短期均衡

在完全競爭的市場，供需及價格關係的均衡狀況可摘成下列幾個要點說明。

㈠廠商或生產者對於市場價格無決定權，市場的價格會決定廠商或生產者的收益。其總收入等於單位價格乘以銷售量，也即

$$TR = P \times Q。$$

總利潤等於單位貨品的利潤乘以總銷售量。

㈡廠商或生產者由調整供給量或產量來達到最大利益。而由比較邊際收益及邊際成本來決定最大利潤，當邊際收益等於邊際成本時，也即 $MR = MC$ 時，利潤最大。此時的產量為均衡產量。

㈢短期均衡產量可能無利可圖，也即在短期最大利潤時，為負擔固定成本，使其減到最少，則利潤就不一定大於零。

㈣短期可能在虧損情況下停業，也即在停業點下可能虧損，但只是虧損較少。因不生產仍要負擔固定成本，可能虧損更大。故停業點在兩害相權取其輕的均衡點上。此點是價格等於平均變動成本最低點時。也即當虧損多於固定成本仍可生產。

㈤個別廠商的短期供給線是平均變動成本最低點以上的邊際成本線段，因為在此線段上的利潤為正。全市場的總供給量是各個別生產者或廠商供給量的總和。

㈥生產者的剩餘是指生產者提供產品所收到貨款超過其生產成本（也即是其願意生產的最低價款）或指價格乘其生產量。

四、完全競爭市場的長期均衡

㈠在長期間，廠商可經調整生產規模或進出市場而達成均衡狀態，或決定如何自處。

㈡生產規模的調整可由調整固定設備、人力及資金進出市場的行動，包括關廠或設新廠等。

㈢調整規模的均衡點是平均成本與邊際成本的交會點。在長期間的交會點與短期間的交會點不同，故長期的產量也與短期的產量不同。

㈣長期規模的均衡點是邊際利潤等於零，也即長期平均成本的最低點。

㈤長期的產業供給線是將其長期的產業均衡點產量的連接線，表示產業在長期對需求變動的最適反應。此線可能上升、水平與下降。

五、完全競爭理論的應用

完全競爭的重要概念與理論已論述如上，在此再論述幾點有關此種理論概念在經濟行為及經濟政策上的應用。

㈠在完全競爭的經濟前提或環境下，供需者雙方分別依其供給與需求而決定生產量與需求量，不僅是可滿足自己，也可滿足對方。

㈡如果政府採行干擾價格的策略，例如設定價格上限，或採行保證價格，會影響消費量與需求量，也會影響供給者的收入。本來是為保護消費者或生產者的美意會受到扭曲。

㈢減租的政策，可使租地者最大利潤的產量增加，市場農產品供給面自由競爭的局面改變，佃農的生產意願會受到激勵而提升。

㈣技術進步的因素也會改變完全競爭的結構，因可引誘新廠加入生產，使產品價格降低，利潤降低，致使老舊廠商的競爭力被推擠而喪失，導致使其廠房關閉停產。

第二節　獨佔市場的性質及廠商的處境

一、獨佔市場的意義、實例及形成原因

㈠意　義

獨佔市場是指某種產品或服務的市場只有一個廠商或商號，且其提供或出售的產品或服務沒有同性質的替代品存在。

㈡實　例

臺灣過去有不少獨佔的商品服務，包括菸酒、電力、石油、郵務、電信及鐵路交通運輸業都是。近來多半這些獨佔商品或事業都因開放民營化而由獨佔市場變為寡佔市場，或不完全競爭市場。

㈢形成原因

形成獨佔市場的原因，都因有進入障礙（entry barries）之故，也即個別廠商要加入市場都有障礙之意。這些障礙的來源有多種，重要者包括下列這些：

1.政策與法律的限制

政策上為了保護特殊的廠商，設法不使其他廠商加入市場運作，這些法律如專利法，專賣法等，目的在保護特殊水準廠商的利益。

2.自然獨佔的因素

這是指只要一家廠商，以最高規模生產供應，便可應付整個市場的需求，如自來水公司，過去的電話公司，或有線電視。將供應者的最適規模或經濟規模設定在市場需求量的全部。

3.獨家廠商擁有全部生產因素

這些生產因素包括自然的及人為的。事實上很難由一家廠商擁有

某種生產的所有自然生產資源,多半經過人為因素,如給予特權,只准許一家開發與利用。

二、價格的設定

㈠獨佔市場產品或服務價格由廠商自己決定,但廠商在決定價格時,必須考慮到本身的最大收益,作為價格決定水準的依據。

㈡價格的高低會影響需求量,需求量又會影響廠商的收益與利潤,廠商設定的的價格都在使其收益能獲得最大。價格不同時需求量會不同,將不同價格需求量的各點連結在一起,即成為價格需求線。設定垂直座標為價格,水平座標為需求量,則此一需求線在座標圖上是從左上方向右下方傾斜,也即斜率為負,意即需求量增加,價格必下降。在獨佔市場上需求量增加也即是供給量或銷售量增加。

㈢獨佔市場的價格有單一售價及差別價格(price discrimination)之分。單一價格是指一種產品或一種服務只有一種價格,此種價格是廠商用來決定價格與產量關係的考慮價格。差別價格是指一種產量或一種服務加入不同的品質或條件,而成為不同價格,例如高速公路向行車收費可因小汽車是否坐滿了人而採取不同的收費標準,此種不同的收費標準即是行車時要付出的不同價格水準。同樣是公賣局賣出的酒,也因種類不同,所含的酒精量不同,品味不同,價格也不同。

　　獨佔市場物品的價格所以會有差別也因廠商可自行定價之故。差別定價可分為:1.階段定價差別。也即在不同階段,價格不同。2.不同顧客群的差別價格,如對內及外銷的批發價格不同。

㈣物品或服務的價格不同時,市場上對物品或服務的需求彈性不

同，需求彈性可能大於 1，等於 1 或小於 1。

三、獨佔廠商的短期均衡

㈠意　義

所謂短期的均衡是指廠商在短期間內由調整價格來改變銷售量以求得銷售商品最高利潤的平衡點。

㈡最大利潤的決定條件

廠商最大利益的決定有兩個重要條件，第一是銷售價格設在邊際收益等於邊際成本的交會點所顯示的價格，也即 $MR=MC$ 的價格。因為如果邊際收益大於邊際成本，表示再增加銷售量還可增加收益，也即尚未達到最大總收益。反之，如果邊際收益小於邊際成本，表示總收益不但不會再增加，而是會減少，也即此時的需求量已不是在最高點。故當 MR 不等於 MC 的物品價格都不是最高點的物品銷售價格。

第二個重要條件是廠商要選擇在需求彈性大於一的階段或情況下生產。在此階段或情況下生產，有正的利潤可得，不會虧損。

㈢在短期情形下，廠商決定價格時，也等於決定供給量。而在短期間的最適合的價格只有一點，故獨佔廠商也沒有供給曲線。

四、獨佔廠商的長期平衡

獨佔廠商在長期間可由改變勞動量的供給與使用，以及改變資本設備，使其能在最適規模下生產。當長期有利潤可得時，則繼續生產，無利可得時，則可關門大吉。

五、獨佔與完全競爭市場的比較

獨佔市場與完全競爭市場在許多經濟性質上有所不同，將之系統

比較如下。

㈠在經濟效率方面，完全競爭較有效率，因為獨佔企業缺乏競
　爭，於是可因循舊路，不需變革與改進，乃會失之缺乏效率。
　過去臺灣許多國營的獨佔事業都因缺乏競爭而致衰退失效。

㈡完全競爭的企業在長期均衡的狀況下可滿足生產效率的兩個條
　件，即 1. 用較少資源生產同量產品，因不如此要求即無法生存
　立足，2. 常以平均成本的最低點來生產並決定產量，但獨佔的
　廠商，常因不必如此嚴厲自我要求，以致較缺乏效率與效能。

㈢完全競爭的最大利潤總產量比獨佔廠商利潤的總產量高，但價
　格則較低。量多是因為不同廠商為能獲得更多利潤而促銷所造
　成，價格較低則是因為廠商的節省成本或競削售價所致成。

㈣獨佔的下列數點優點是完全競爭的缺點。

1. 經濟規模較易出現

因為隨著產量增加，平均成本可明顯有效下降。但完全競爭市場
會因同行競爭而要多投入成本，使廠商的平均成本無法隨產量增加而
同步減少。

2. 多角化經營或生產多種產品可使平均總生產成本下降

因為生產多種產品相當於創造多種獨佔性的產品，也將設備作較
充分利用，分攤產品的生產費用與成本。

3. 有較佳的創新能力

因為其利潤較多，可支付較大的創新成本。但也可能因為缺乏競
爭而喪失創新的動機。

六、反獨佔的趨勢

在資本主義國家不少大資本家以其雄厚的資金與財力而發展出近

乎獨佔的企業，掌控市場的供給量與價格，乃引起民眾的反感，迫使政府要照顧大眾利益，制定並實行反獨佔法。美國此一世界頭等資本主義的國家就曾有反獨佔法。英文稱為（antitrust law）。反獨佔也是反托拉斯或有如反信託之意，一般信託公司也都是大財團。

不少計畫性或半獨裁專制的國家，政府都掌握若干容易賺錢的獨佔事業。臺灣在國民黨長期執政的時代，確也有多種國營或黨營的獨佔事業，也使國民普遍有微詞。這些公營的獨佔事業也隨著政治的開放而逐漸開放為民營，這又是另一種反獨佔的運動過程。臺灣在 1991 年通過公平交易法，類似一種反獨佔法。

事實上在獨佔的制度下有潛在的競爭者（potential competitors）存在。這些潛在的競爭者常懼怕競爭者或政府政黨的壓制而不敢公開反對，卻常在暗地裡經營與獨佔相同或相近的事業，成為地下的經濟活動。在公路交通被公路局獨佔的時代，出現不少野雞車暗中與公路局搶生意。當菸酒公賣，也是專賣的時代，也存在不少暗中釀造私酒者，以及菸酒的走私者，與公賣局暗中搶奪生意。這些行為也都是在暗中反獨佔的行為。

第三節　不完全競爭市場

一、意義、類別與實例

㈠意　義

所謂不完全市場（imperfect or impure competitive market）是界於完全競爭市場與獨佔市場之間的市場。在此種市場上的廠商對價格具有某種控制或影響的能力，卻因面臨少數的競爭廠商而不能非常強有力的控制。

㈡類　別

此類市場又可細分成兩小類，一種是獨佔性競爭市場（monopolistic competitive market），另一種是寡頭獨佔市場（oligapolistic market）。前者的性質較接近完全競爭的市場，只是市場上的競爭者較少。後者則較接近獨佔市場，但獨佔者不只一家廠商，而是有少數幾家。

㈢實　例

過去臺灣有許多廠商或企業都屬於不完全競爭市場，其中像家電類廠商及飲料界廠商是很像獨佔性競爭的廠商或企業，報社、銀行則是很像寡頭獨佔的企業。以上兩類多少都有限制，前者受資金及與外界同行企業合作機會有無的限制，後者則又受政府的限制。

二、以獨佔力分辨介於獨佔與完全競爭之間的程度

不完全競爭市場的性質主要是受獨佔力的大小所影響而區分。

㈠獨佔力的意義

所謂獨佔力是指廠商提高產品價格時，顧客不會流失或銷售量不會減少的程度。獨佔力大者，流失或減少的程度小，否則獨佔力小者流失或減少的程度則較大。

㈡臺灣在 1981 年時十大類製造業前四大廠商市場獨佔率的資料，如表 5-1 所示。

表 5-1　1981 年臺灣十大類製造業前四大廠商市場獨佔率

*1.*石油及媒製品	85.7%
*2.*飲料及菸草	81.8%
*3.*化學材料	66.3%
*4.*運輸工具製造	63.4%
*5.*金屬基本工業	53.4%
*6.*精密器械	52.7%
7.食品	46.6%
8.橡膠製品	42.2%
*9.*機械設備製造修配業	37.4%
*10.*雜項工業製品	34.6%

三、獨佔性競爭市場的重要性質

此種市場的重要性質可從下列四方面說明：

㈠假設某產業的市場中有不少競爭廠商存在，在長期間內，廠商
可任意進入市場，但每個廠商有與人不同的異質產品。

㈡各廠商有控制價格的些許能力。

㈢市場均衡點特殊。

1. 短　期

⑴獨佔性競爭廠商或企業的需求彈性比獨佔性廠商或企業的需求
彈性大。也即當降升某單位價格時，銷售量的變動相對較少。

⑵短期均衡利潤可能大於 0、等於 0 或小於 0。完全視需求線與平
均成本線的相對位置而定。需求線高於成本線時，利潤為正，
反之，低於成本線時，利潤為負。兩者等高時，利潤為零。此
種廠商產量與價格的決定點在邊際收入與邊際成本的相交點。

2. 長　期

若市場出現有超額利潤的機會，長期內會出現有新廠商加入。一直到最高利潤等於零為止。此時廠商的均衡點在需求曲線與平均成本曲線的相切點。但此點不是其平均成本的最低點，常在低點之前，也即高於最低平均成本。因為消費者願多付一點錢換取獨佔性競爭廠商產品的特性。

四獨佔性競爭市場的檢討

在獨佔性競爭的市場下，每一廠商可自選依其邊際收益等於邊際成本的條件決定最高產量及價格。這種生產行為是假設不會引起其他廠商的反應，也不會受其他廠商的訂價及生產行為的影響，其實不然，常見獨佔性競爭者之間暗中競爭較勁的程度很嚴重，彼此間的殺傷與影響仍很大。

四、寡頭獨佔市場的意義與重要性質

㈠意　義

此種市場與獨佔性競爭市場相類似，但廠商在市場上的獨佔程度相對較高，也即相同性質的廠商數目較少，少到每家廠商的行動會影響到其他家的利益。也即廠商之間彼此相互牽制的程度不低。

㈡重要的性質

此種市場及廠商的性質有多種重要的性質。將之扼要列舉如下。

1. 廠商的家數相對較少。
2. 廠商可以決定價格。
3. 廠商之間的行為相互牽制，故決策時必須要考慮他家的反應。
4. 寡頭獨佔的價格有僵固（sticky price）的現象。也即當其他的條件（如氣候）改變時，價格不變或變動不大。

5. 此種市場上的企業的聯合壟斷的勾結行為，形成所謂卡特爾（Cartel）的組織，以免因競爭而兩敗俱傷，而可聯合壟斷。石油生產國之間就常形成組織，壟斷國際油價。

6. 廠商之間常以非價格的手段，相互競爭，使用廣告或控制原料即是一例。

7. 廠商面對同行抬高價格時，不會跟進，但面對同行降價時，馬上會跟進，成為所謂拗折的需求線。

8. 廠商之間的互相勾結，因廠商增多而崩潰，乃進入競爭市場。

💡 練習題

一、是非題

(○) 1. 完全競爭企業的短期均衡產量可能使企業虧損。

(○) 2. 獨佔的廠商為追求最大利潤，其銷售價格應設在邊際收益等於邊際成本的交會點所顯示的價格。

(×) 3. 各廠商或生產者是價格的接受者，此種廠商是處於不完全競爭的廠商。

二、選擇題

(C) 1. 企業者處於完全競爭情勢，對市場價格的影響力是　(A)很大　(B)部分影響力　(C)無影響力　(D)不一定。

(A) 2. 處於獨佔情勢的企業要使利潤達到最高平衡點，一定要選在什麼階段生產？　(A)需求彈性大於 1　(B)需求彈性等於 1　(C)需求彈性小於 1　(D)需求彈性等於無限大。

(B) 3.在完全競爭下，廠商最大的利潤是　(A)$TR = P \times Q$　(B)$MR = MC$　(C)$AVR = AVC$　(D)$P = ATC$

三、解釋名詞

1. 完全競爭市場
2. 獨佔市場
3. 不完全競爭市場
4. 獨佔性競爭市場
5. 寡頭獨佔市場

四、問答題

1. 試比較獨佔與完全競爭市場的性質。
2. 試論完全競爭的長期均衡。

第六章
廠商的生產要素

第一節　生產要素與引申需求

一、意　義

(一)生產要素

生產要素是各種物品的最基本投入。包括人力要素及物資要素，前者包括勞動力及企業人才等，後者包括原料、土地及資本等。

(二)引申需求

引申需求是指廠商對生產要素的需求，此種需求係因有人需要利用生產要素來生產物品所引申出來的。此與消費者需求產品來直接滿足慾望的最終需求不同。

二、生產要素的種類與經濟意義

重要的生產要素至少有下列諸種，將這些要素及其重要性質列舉並述說如下：

(一)勞動 (labor)

1. 勞動要素是指人類所提供的勞力與心力。
2. 勞動單位的計算依據參與的人數、時間，以及所提供的勞動效能而定。

3.勞動者可能獲得報酬，稱為工資（wages），也稱為勞動所得。

4.勞動的單位工資稱為工資率（wage rate）

5.當前臺灣的勞動所得約佔國民所得的六成。

㈡土地（land）

1.土地是最重要的自然資源（natural resource）

2.土地的經濟效能包括可用為直接生產用地，以及承載經濟活動所需要的設施。前者如用為農業生產，後者如用為廠房基地、交通運輸產品的道路用地及存貨的倉庫用地等。

3.土地所有者需有經濟報酬，支付給土地所有權者的報酬稱為地租（rent）。

4.影響土地經濟價值的條件包括其品質及經濟地位等。供為不同的用途，其價值條件的重要性不同。

㈢資本（capital）

1.資本是指人的生產工具，是用來補助生產的基本工具。

2.重要的資本包括資金、建物、機械設備及存貨等。

3.資本也應有報酬，通稱為利息（interest）。使用資本的價格稱為利率（interest rate），簡稱 r。

㈣技術（technology）

1.技術是一種生產的方法。

2.技術有高低難易之分，對生產的功用有大小好壞之別。

3.技術的使用常要配合適當的工具。

4.技術也應有報酬，常與勞動者的報酬結合在一起計算。

㈤企業才能（entrepreneurship）

1.企業才能是生產者結合運用各種其他生產因素，進行生產運銷

經營能力。

2.經營能力包括決策與管理。

3.經營能力的報酬稱為利潤（profit）

㈥資訊及誘因（information and incentive）

1.資訊是指與生產有關的各種訊息，包括有關生產資源、技術、產品的生產或供應、產品的消費及運銷等訊息。生產的誘因則是指可誘惑生產的因素，包括消費、價格、及政府的政策等。

2.生產資訊的技術種類變遷快速。

3.誘因可正也可負，會增加也會減弱。

㈦原　料

1.原料是指供為生產用途的原始材料。

2.各種生產都需要有原料，包括天然原料及非天然原料。

3.天然原料都具有有限性，故不斷以人為原料代替。

第二節　各種生產要素供給的重要特性

一、生產要素只提供勞務與功能而不能出售供為直接消費

生產要素是用來提供勞務或轉換為生產功能，而不能作下列用途。

㈠被出賣供為消費用途。人不能被食用，種子原料也不能被食用消費，否則就成不了種子。

㈡生產要素雖然可以買賣，但出賣之後或買來之後是供為生產之用，而不是作為消費用途。

二、勞動要素的供給特性

㈠勞動力只提供勞務，而不能出賣整個肉體與靈魂，任人牽制。

㈡勞動者必須親自到場參與生產，但有些生產活動可在幕後表現。

㈢影響勞動者考慮報酬時，除考慮工資外，也必須考慮工作環境與條件。

三、土地要素的供給特性

㈠土地的總量固定，但對各種產業的供給彈性很大。也即總量雖然固定，但用途可改變，故對不同產業的供給彈性大。

㈡農業生產用地的供給彈性相對較少，土地作為農業生產用途，限制條件較多，故供給彈性較少，沒有土壤的土地不能用，太冷會結冰的土地不能用，坡度太大的土地也不好用。

㈢工業生產用地的地位條件比地質條件重要，所謂地位條件主要是指位置。有些工業用地必須靠近消費者，有些工業用地必須接近生產原料，有些工業用地則必須接近交通運輸方便的港口或道路。

四、資本要素的供給特性

㈠資本供給具有活動性，但活動性有大有小。

㈡設備資本供給活動性小，人力資本供給的活動性大。

五、技術要素的供給特性

㈠技術要素的供給來自人力。人力中有者較有技術，另些則否。

㈡技術的供給需要經由開發或購買，但都需要投入資金。

六、企業才能要素的供給特性

㈠企業才能由較能用腦的人所供給。人力中有者只能提供勞力，
但缺乏企業才能。

㈡企業才能需要培養與訓練。重要的培養及訓練機關包括學校及
企業組織。

七、資訊與誘因的供給特性

不少生產的資訊需要生產者主動去尋找，不能坐等由外來賜給。
資訊的供給來源有多方面，生產者及消費者及中間媒介者都可透露訊
息。

誘因的供給包括外界及內部，外界的誘因可由政府或社會經濟環
境所提供，內部的誘因則可由生產者設計並示出。

第三節　勞動要素的供需及相關概念

一、完全競爭市場勞動要素供需的均衡分析

㈠勞動供給因需求引發價格變動而改變

在完全競爭的勞動市場，勞動的供給接近於無限量，勞動供給量
主要因需求所決定。市場上的勞動需求決定勞動價格，需求變動價格
也變動，供給因而也發生改變。當需求增加時，價格提高，供給量也
增多。反之當需求減少時，價格下跌，供給量也隨之減少。

㈡個人的工作時間直到工資等於休閒的邊際收益為止

在市場上個人的工作時間有一定的限制，一天最多為二十四小
時，一年最多三百六十五天。事實上沒有一個人能將工作時間推到極

限，因為除了工作以外還要休閒與娛樂。個人工作的時間，一般都是停止在得到的邊際工資與休閒的邊際效益相等為止。當邊際工資大於休閒的邊際收益時，個人將會增多工作的時間，當邊際工資不如休閒的邊際收益時，個人寧可選擇休閒而不願工作。

惟休閒的效益不易用為與工資相同的貨幣單位加以衡量，心理滿足的成分甚重，故計算的水準會因人而異，很難有客觀的計算標準。

㈢當工資不變時，個人為增加所得，乃需要增加工時

㈣所得效果

此項定義是指當工資上升時，個人若僅為能維持原來的所得水準為足，則可能調降工時，留出時間多作休閒，此種影響稱為所得效果。當工資下跌時，所得效果作用是需要由增多工作時間來維持原來的所得水準。

㈤替代效果

當工資上漲或下降時，工作時間可能分別增多或減少，道理是上漲的工資可引誘個別勞動者多用時間於生產或服務工作上。反之，當工資下跌時，下跌的工資可能影響個別勞工缺乏工作的誘因，而減少工作時間。工資漲跌時，對工時的正反影響，或正反關係，稱為替代效果。也即漲跌的工資可由減少或增加工時所替代。

㈥當市場上個人的工資很高時，工時會減少，勞動供給線 會呈現後彎的現象。

㈦勞動供給線

對於大多數人而言，在市場上面對工資率可能被接受的範圍內，勞動供給線都是一條由右上方往左下方的正斜率曲線，即工資上升，工時增加。

二、獨佔市場勞動要素的價格決定

(一)三種獨佔的情況

勞動市場上的三種獨佔（monopoly）情況

*1.*買方獨佔或獨買的情況。

*2.*賣方獨佔或獨賣的情況。

*3.*買賣雙方同為獨佔的雙邊獨佔（bilateral monopoly）。

(二)勞動要素獨買市場的價格決定

獨買的廠方為追求最大利潤，僱用勞力至邊際生產收益等於要素邊際成本為止，也即 $MRP=MCF$ 式中，MRP 為生產邊際收益（marginal revenue of production），MCF 為要素邊際成本（marginal cost of factor）。

當 $MRP>MCF$ 時，廠商會繼續僱用勞力。當 $MRP<MCF$ 時，則廠商會減少僱用勞力要素，使 $MRP=MCF$ 為止。

事實上市場上少有獨買情況發生，除非是使用某種特殊技術性勞力的廠商，別無他家。有時某家僱人的大廠商能出比他人高價，將市場上的勞力全部吸收僱用。但此種獨買勞力的廠商仍要面臨小廠商與勞力地點接近，或待人親切等非工資條件的競爭。故此種獨買的廠商為能站穩獨買的地位，除了出高價外，也要符合其他優厚的僱用條件，才能穩住獨買的地位。

(三)要素獨賣市場的價格決定

市場上的工會如能有力整合勞力，使其團結一致，乃可能形成一個勞力獨佔的賣方。此種獨賣的工會，常運用三種方法為勞工謀福利，此三種方法是：*1.*爭取較優厚的工資，*2.*減少勞動供給，*3.*增加勞動需求。其中第一種方法，如爭取加班費，第二種方法如規定工作

者取得執照才有工作資格,第三種方法如編造工作規則,使不必要的人也能參與工作,取得工資等。

獨賣方面所採取的第一及第二種辦法常會造成失業的缺點,第三種辦法則會造成就業謬誤,或就業品質低落的缺點。

㈣雙邊獨佔市場的價格決定

此種市場是指只有一個買主與一個賣主的市場。這種市場還有下列幾種其他重要性質。 *1.*買賣雙方力量相當,價格可由商議或談判決定。 *2.*價格通常在買方願意出的買價P_1及賣方願意出的賣價P_2之間折衝。*3.*獨買的一方在議價或談判價格時,儘量爭取購買價格,此一價格仍為賣方夠成本的範圍內。 *4.*獨賣的一方在議價或談判價格時則極力爭取工資的提高,但要以就業率的損失為代價。

三、不完全競爭市場勞動要素的價格決定

不少勞動市場是處於不完全競爭市場情況下。賣方的勞工以其要求是否補貼餐費及工作品質來區隔與其他勞工之間的差異,供為需求者可從中加以分辨與選擇。需求者也以其勞工的態度、工作場所的條件等來與其他雇主作區隔,使勞動者有分辨及選擇雇主的機會。在短期間內買賣雙方因彼此不認識,也無法區辨對方的條件,故市場上像是完全競爭的型態,但當彼此有較多的接觸,或市場上能提供較完整的資訊,買賣雙方都能認清楚對方的相對條件時,不完全競爭的市場便能形成。參照一般市場的類型,不完全競爭的勞動市場也可分成兩種副類型,一種是較接近完全競爭的壟斷競爭,另一種是較接近壟斷的寡頭獨佔。在兩種市場,工資的決定也是$MRP = MCF$。也即買賣者的邊際生產收入等於邊際要素成本。買方邊際生產收入是其產品的邊際收入,賣方的邊際生產收入是邊際工資。買方的邊際因素成本,是

每買進或使用最後一單位勞力所付出的成本，而賣方的邊際因素成本是每賣出一單位的工時，所犧牲可用此工時來賺取替代收入的代價。

四、最低工資與工資差異

㈠最低工資的意義與性質

1.意　義

政府為照顧低收入勞工的基本生活而規定最低工資，當為勞動市場工資下限。雇主支付的工資不能低於此一標準，否則會受政府所罰。

2.性　質

最低工資的重要性質之一是工人要求雇主所付工資不能低於此一水準。低於此一水準工人即不願工作就業。雇主也因礙於政府的規定而不敢違犯。當其付出最低工資，以致無利可圖，又不敢冒犯時，可能就此停業。致使工人無工作可做，到頭來增高失業率，也有傷經濟發展。

㈡工資差異

勞動者之間有工資差異，造成工資差異的原因有多種，勞動者的生產力是很直接的原因，生產力高者雇主願付給高工資，生產力低者，雇主只願付給較低工資。

此工資的差異也有因為結構性的職位差異所造成，也即在社會組織機關中，或生產者企業組織中，設有不同的職位，也規定佔上不同職位的勞動者、組織或機關給其工資的水準不同，但此種職位結構差異與生產力差異的關係密切，因高生產力者常被置放在較重要的職位上，但有不盡然情形。工資差異也有因為彌補勞動者的工作環境或條件不良所給予的彌補，使其內心能感到安慰與滿足。

市場型態不同也常是造成工資差異的原因，在勞動力供給完全競爭的市場下，工資可能被壓低。但若賣方獨佔的情況下，僱用者可能調高工資作為應對。

勞動力供需情況不同時，工資也可能改變。當勞動力供不應求時，必然調高工資，但當勞動力供過於求時，則工資可能被調低。

政府的政策常會朝向消滅工資差異的措施，採取平頭式的報酬，主要的用意是使貧苦勞動者也能過一定水準的經濟生活。但是消滅工資差異的結果，則會破壞價格機能。

第四節　土地要素的重要概念──地租

當為生產要素之一，有關土地要素的重要經濟概念是地租一項，本節就此概念的若干細節說明如下：

一、意　義

所謂地租是指提供土地參與生產所應得的報酬。

二、產生的原因

關於地租產生的原因有兩種論述。

㈠使用土地需要付出代價

土地與其他的生產要素如人力、資金、技術、管理等，不是無條件可取得者，而是有所限制。使用土地要素的重要限制是要獲得所有權人同意，也要經政府的管制，故使用者必須對土地付出代價，也即是地租。

㈡因為土地為稀少性，使用者若不付出代價或地租，可能搶奪使用，乃至會發生戰爭，或會混亂使用，以致未能達到良好的生

產效果，可能造成減產與破壞。

三、決定地租高低的因素

㈠決定於土地的供需條件

地租的高低基本上決定於土地的供需條件。就需求面言，需求越迫切，需要付出的地租會越多，反之需求若較不迫切，需要付出的地租也可較低。

再就供給面看，在同等程度的需求情況下，供給量多，要求的地租較少，反之，供給量少，供給者要求的地租會較多。

㈡地租是相當於使用土地的報酬超過機會成本的部分

土地可作多種用途，在使用於每一種的不同用途上，都會有不同報酬，使用某一種用途所得的地租是相當於土地所得到的報酬超過其機會成本部分。

㈢土地的供給彈性非無限大，也即具有限量，故使用土地時必要付出地租（rent）。因為土地的肥沃度、地位條件、交通條件不同，其生產力不同，故地租也有差異。

短期的地租也稱為經濟租或稱為準地租（quasi rents）。也即在短期內使用土地要素的多餘報酬。所謂「多餘」是指若無此部分報酬，土地要素的供應者仍願提出此項要素。準地租也可說是要素所有人扣除要素的機會成本後所擁有的淨收入，也可說是其生產剩餘。準地租也常適用到短期內使用固定資本財的報酬。

㈣土地的地租有差別性，因品質及地位交通條件不同所造成。

四、地租的用途

地租的用途有如下兩種：

(一)具有可引導土地生產人們所需要物品的價格機能

地租是土地成本的一部分，而土地是用來生產物品或其他產品，如建物等。地租可反應土地所生產物品或其他產品價格成本的一部分，故具有反應該物品或生產物價格之機能。此為其功用之一。

(二)地租的漲跌，可影響人願意使用土地的程度

當地租上漲時，表示使用土地的報酬高，有地的人使用了土地會有較大利潤可得，因此會較願意使用。反之當地租低時，使用的意願可能降低。但另一方面當地租上漲時，租地的人使用起來成本會較昂貴，也可能會減低其使用意願。

第五節　資本與管理要素的相關概念

一、資本與資金

所謂資本是指人造的生產工具，是生產的四大要素之一。此種要素包括現金、設備、建築物及存貨等。資本必須結合人力、土地與管理要素，才能有效生產物品，創造財貨與利益。

資金則是指現金資本。其來源為儲蓄及借貸。此項生產要素是為流動資本，可當為獲得其他各種要素的媒介或工具，如可用來聘僱人力時支付工資之用，可用為購買土地的固定資財，也可用為購買建物、設備及存貨原料等其他的生產要素。

二、利息的意義與借貸市場

㈠意　義

利息是借貸資金所付出的代價。其單位價格為利率（Interest rate 或簡稱 r）。由借款可獲得生產要素的資金，但借款必須支付利息。

㈡借貸市場

社會上有多處可以借貸資金的市場，重要者有銀行、標會、地下錢莊、當鋪等。必要借貸的時機是當需求資金時。

三、企業或廠商的管理要素及相關概念

㈠企業管理的意義

企業管理也是一種生產要素。管理行為是由企業家或管理者將生產因素加以有效的組合及運用，從生產並運銷產品過程中獲得利潤。利潤可說是企業家經營及管理企業的報酬，也即收入減掉成本的差額。

㈡利潤的種類

一般利潤有兩種，一種是會計利潤（accounting profits）是指損益表上的盈餘，或是指收益減去外顯成本。此種利潤也稱為正常利潤（normal profits），意指廠商能賺取此種會計利潤是廠商繼續正常經營企業的基本條件。另一種利潤是經濟利潤（economic profits），也稱為超額利潤（excess profits），是指收益減去機會成本的餘額。

㈢利潤來源或獲得基礎

企業經營者或管理者為何要獲得利潤，有三種不同的說法或來源。一種是熊彼得所說的，因為企業家或管理者是創新者，應給其代價，也即是利潤。另一種來源或基礎是奈特所主張的，因為企業經營

具有無法預知的不確定性，故須給予利潤，供為鼓勵或彌補。第三種來源或基礎是將利潤視為是獨佔的額外報酬。獨佔有自然獨佔及人為獨佔兩種，前者為市場競爭的結果，後者為經營或競租的結果，兩者都有其功勞或苦勞，故應給其報酬或利潤。

㈣企業追求利潤的目標

企業無不以追求利潤為目標。但是否必要追求最大利潤則不一定，因為最大利潤的概念無限，不易為企業所達成。不少企業能退而求其次，以能獲得某種程度的利潤為滿足。

企業以追求利潤為主要目標，但不是唯一目標。除了追求利潤外，也常有以公益事業造福社會為目標者。

第六節　資訊誘因及技術因素的重要概念

一、資訊的問題與克服之道

在生產過程中資訊與誘因也為重要因素，但資訊因素常有不足的問題與道德障礙的問題。誘因要素也有不誠實或無效果的問題，就此兩要素的重要問題及克服之道論說如下。

㈠資訊要素的問題與克服之道

生產要素中的資訊常有不足及道德障礙問題。資訊不足有因客觀因素造成，如傳播體不發達，功能不彰，也有因生產者本身條件欠佳所致成，如缺乏獲取充分資訊的動機與能力。因為資訊不足，乃不能作正確的決策，或所作的決策會有錯誤，以致經營不佳。也因資訊不足，致使有人混水摸魚，不僅傷害自己也會使對方損失，形成道德的障礙。

克服資訊不足的問題之道是生產者本身要多蒐集，參考已知的訊

息。社會上也必要多傳播有關的資訊，供需求者接受使用。

二、誘因要素的形成與問題

誘因所以會成為生產要素是因為各種誘因具有引發生產動機的功能與力量，此種動機的背後要素則是可以使生產者獲得利益，或滿足其慾望與需求，如因為生產可以致富或成名，或可以提升地位與影響力等。

誘因不全然一定可以促進生產，有時也會導出不同的做法或後果，這是誘因要素的重要問題。例如工業生產誘因導至不可預期的環境破壞與污染。

三、技術要素的定義與性質

㈠定　義

技術也為另一項重要生產要素，生產技術可說是生產方法，經由技術的運用，可使生產更有效率。

㈡性　質

就技術的類型看，依分類指標不同而可作成多層面的分類，就技術所牽連的生產目標而分，可分為農業生產技術及工業生產技術等。又如依技術水準或程度分，則可分為傳統技術與高科技之別。

就技術的來源看，重要者可來自創新、學習、改造、購買、模仿及挖角等各種不同來源。就技術的功用看，最主要的功用是可以達成生產效能，提高生產效率，也可改進生產品質及決定產品的式樣等。生產技術也常存在問題，最常見的問題是技術發明與創新的專利與推廣存在很大的矛盾性。要給專利鼓勵創新與發明技術，則不宜將技術推廣，但技術不推廣，則不能發揮其價值與效用。

◌ 練習題

一、是非題

(×) *1.* 有關廠商生產要素的研發是屬於總體經濟研究的範圍。

(○) *2.* 隨著一種生產要素使用量的增加，能替代另一生產要素的能力不斷遞減。

(○) *3.* 一個人工作的時間，一般都是停止在得到的邊際工資與休閒的邊際效用相等為止。

二、選擇題

(B) *1.* 在完全競爭的勞動市場，勞動的供給量： (A)接近於零 (B)接近於無限量 (C)接近於百分之百 (D)接近於三分之一。

(C) *2.* 勞力要素獨賣的一方最可能是 (A)大廠商 (B)小廠商 (C)工會 (D)政府。

(C) *3.* 地租的高低受何影響？ (A)資金的多少 (B)勞力的品質 (C)土地的供需條件 (D)利息的高低。

三、解釋名詞

1. 引申需求

2. 準地租

3. 雙邊獨佔市場

4. 會計利潤

5. 正常利潤

四、問答題

　　1.試論工資差異的原因。

　　2.試論資訊的生產要素之問題與克服之道。

第七章

生產成本與利潤

第一節　生產成本及利潤的前提與生產成本的結構

一、生產成本與利潤的前提

㈠生產為獲得利潤

生產是一種經濟行為，此種行為的目的在獲得利潤。廠商開工廠的目的是為了賺錢，小農從事農業生產的目的也是為能獲得產品，以便賣錢養家糊口。

㈡生產需要支付成本

各種生產都要支付成本，不同種類生產所支付成本的內容可能不同，但都可用經濟學的概念加以分析與解釋。農業生產所支付的重要成本包括土地的地租、人力的工資、器械及設備費用、以及肥料農藥的成本等。工業生產的成本則包括廠房倉庫設施成本、工人的工資成本、管理成本、資金的利息成本等。

二、生產成本的基本概念

經濟學上所指的生產成本都是指生產過程中所使用資源的機會成

本（opportunity cost）。而一種資源用於特定用途的機會成本是指其可用於其他用途的最高價值（the value of the best alternative）。機會成本也稱經濟成本（economic costs）與一般的會計成本（accounting costs）不同。會計成本是外顯成本（explicit costs），也即是廠商實際付以他人或其他廠商的成本，包括工資、地租、利息等。但機會成本除了包括外顯成本或會計成本之外，還包括隱含成本（implicit costs），也即是企業主投入自己所擁有資源，未實際支付報酬，但確是犧牲了其他用途的成本。包括企業主投入的人力、土地、資金等之市場使用價值，以及經營虧損之風險。

經濟學上所以會強調機會成本的重要性，是因為機會成本包含隱含成本，而此部分必須計算在內，才能較正確作經濟行為的判斷與決策。

三、成本要素的分析

生產成本的要素有多種，其成本的內涵也有多種，包括人力成本、土地成本、設備成本、原料成本、資金成本、技術成本、資訊成本等。各種成本都成為其總生產成本的一部分，其中有的成本屬固定成本，有的成本則屬於變動成本，視其要素的屬性而定。

不同廠商的不同生產要素成本所佔比例不同。農業生產的主要成本為土地。工業生產成本中的設備成本與原料成本所佔比例可能相對較高。服務業的成本則可能以人力成本及資訊成本佔較重要部分。

四、總成本的結構

生產過程可分短期與長期之別，在兩種過程中都需要支付生產成本，但在兩個時期成本結構的概念有其差別之處。

㈠短期的成本結構

所謂短期的生產過程是指較短時間內的生產，生產規模固定，產量不變，短期生產成本按其內涵別可分為固定成本（fixed cost，簡稱 FC）及變動成本（variable cost，簡稱 VC）。固定成本是指支付固定要素的金額或成本，不會因產量的變動而改變。活動成本是指支付可變動要素的金額或成本，可隨產量的變動而改變。廠商在短期內支付固定成本及變動成本的總和稱為短期總成本（short run total cost 或簡稱 TC）。

短期的成本中又可求得平均總成本（average cost 或 ATC）和邊際成本（marginal cost 或 MC）。平均成本是指每單位產量分攤到的總成本，而邊際成本是指增加一單位產量所增加的成本。平均成本中也包含平均固定成本（average fixed cost 或 AFC）及平均變動成本（average variable cost 或 AVC）兩部分。邊際成本中也包含邊際固定成本（marginal fixed cost 或 MFC）及邊際變動成本（marginal variable cost 或 MVC）兩部分。若將平均成本及邊際成本的內涵寫成方程式則前者成為：

$$ATC = \frac{TC}{Q} = \frac{FC+VC}{Q} = AFC + AVC$$

式中 ATC＝平均成本，TC＝總成本，Q＝產量，FC＝固定成本，VC＝變動成本。

後者為：

$$MC = \frac{\triangle TC}{\triangle Q} = \frac{\triangle(FC+VC)}{\triangle Q} = \frac{\triangle FC}{\triangle Q} + \frac{\triangle VC}{\triangle Q}$$

式中 MC＝邊際成本，$\triangle TC$＝變動總成本，$\triangle Q$＝變動量
$\triangle(FC+VC)$＝增減固定成本及增減變動成本的和。

$\triangle FC$＝增減固定成本，$\triangle VC$＝增減變動成本。

(二)長期的成本結構

長期的意義是指廠商可以擴充規模或縮減規模，且不斷在變動規模，目的在尋求最低生產成本。因為規模不斷在改變，產量也隨之改變，在長期間廠商有許多最低總成本點，將之連結起來，即成為長期總成本曲線（long run total cost curve 或簡稱 LTC），此線在所有短期總成本曲線（STC）之下。長期總成本曲線是所有短期總成本曲線（STC）的包絡曲線（envelope curve）。

第二節　最低成本的意義與性質

一、意　義

最低成本的意義是使成本達到最低點。與最大利潤的目的在追求利潤達到最高點之間，是一體兩面。企業或廠商以追求最低成本與最大利潤為目標。能夠達到最低成本，等於可達到最大利潤。

二、重要性質

(一)企業與廠商都將追求最低成本與最大利潤為目標，最低成本與最大利潤有一致性，但必須是在利潤大於零的情況下，論最低成本才有意義。

(二)最低成本可分為很多種，包括最低總成本，最低平均成本，及最低邊際成本。一般企業包括追求的目標在追求最少總成本，如此才能達到最大總利潤。而各種成本中又可細分成固定成本及變動成本兩小類。也即成本是固定成本及變動成本的合計。

三、最低生產成本的條件

㈠假　設

在探討最低生產成本時，一般都假設生產因素可以變動，且要素的市場都為完全競爭市場。

㈡最低成本與產量有關。一般產量越多，成本也越大。故要探討最低生產成本必須設定在一定產量下來探討才較有意義，也才能求得最低生產成本值。

㈢一般企業或廠商的生產要素都多於一種，要使生產成本最低，必須要了解各生產要素之間如何組合才能達成。組合的條件或密訣是

$$\frac{MP_1}{P_1} = \frac{MP_2}{P_2} = \frac{MP_3}{P_3} = \cdots \frac{MP_n}{P_n} = K$$

其中 MP_1，MP_2，$MP_3 \cdots MP_n$，分別為各種生產要素的邊際產量，而 P_1，P_2，P_3，P_n 則分別為各種生產要素的單價。故上式的意思是指某產量的最低生產成本的組合是使各生產要素邊際產量除以要素單價的值相等的情況。

第三節　最低成本的多種組合：等量曲線及相關原理

一、意義與性質

㈠意　義

最低成本的多種組合分析的意義是在分析兩種以上生產要素的組合，以達到最低成本的情況。

㈡性　質

1. 每種生產都要有各種因素參與生產，而要生產某一產量的水準，兩種以上生產要素之間有多種組合的可能。

2. 將生產同產量的各種生產要素組合點連成一起的軌跡即成為等量曲線。

3. 兩種生產要素之間具有可替代性，即少用甲要素時，可多用乙要素替代之意。

4. 同一等量曲線的產量相同，不同等量曲線所表示的產出水準不同。

5. 相同要素所形成的任何兩條等量曲線不會相交。

6. 等量曲線如圖 7-1 所示，

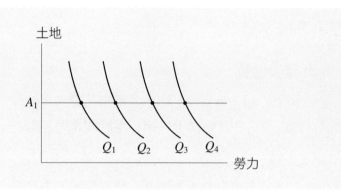

圖 7-1　等量曲線圖

　　圖中 Q_1、Q_2、Q_3、Q_4 分別為不同產量曲線,其中越右邊的曲線產量越多,也即 Q_2 產量比 Q_1 多,Q_3 產量比 Q_2 的產量多,依此類推都成立。因為每一產量投入的土地及人力因素有許多不同組合點,故可連成一線。圖中 A_1 表示投入土地要素相同,勞力不同,則產量會不同。

二、邊際技術替代率

㈠意　義

　　邊際技術替代率也為有關最低生產成本的多種要素組合或等量生產(production iso quant)的相關概念之一。其意義是指多種生產數量組合時,為維持同一生產水準及最低生產成本,則要素之間可相替代。某一生產要素增加一單位所能替代另一生產要素的單位,稱為某要素對另一要素的技術替代率。經此替代,可維持同水準的產量或成本。

㈡邊際技術替代率遞減法則(law of diminishing marginal rate of technical substitution)

　　此法則是指某一生產要素用量的增加,能替代另一生產要素的生產能力不斷遞減。此替代率會遞減是因為其邊際產量遞減的結果。

三、等成本線

㈠意義與性質

等成本線（iso cost line）的意義是指花費同等總成本的所有生產要素組合的軌跡，在此軌跡上任何一點的成本是相等的。

㈡性　質

在完全競爭市場中等成本線是一條直線，因為廠商所面對的重要價格是由外界決定的，也是固定的。

等成本線的數學式是　$Tco = wl + rk$

$$k = \frac{Tco}{r} - \frac{w}{r}l$$

式中 Tco 代表生產某特定數值的總成本，r 及 w 分別代表 k 及 l 因素的單位價格，當 $k = 0$ 時，$l = \frac{Tco}{w}$，當 $l = 0$ 時，$k = \frac{Tco}{r}$。

總成本變動時等成本線作平行的移動，往右上移表示總成本提高，往左下移表示總成本減少。但當等成線整條平行移動時，表示兩種組合要素成本的比率不變。如圖 7-2 所示。

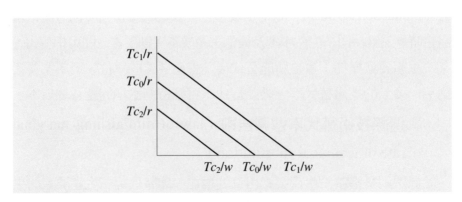

圖 7-2　總成本變動，等成本線作平行變動

當兩種組合要素單位價格比率變動時，等成本線的斜率改變，如圖 7-3 所示，當 K（土地）的單位價格不變，L（勞動）的單位價格改變，則由 K 與 L 要素所組成的等成本線斜率為之改變，Tc_0/w 可變為 Tc_0/w^1 或 Tc_0/w^2。

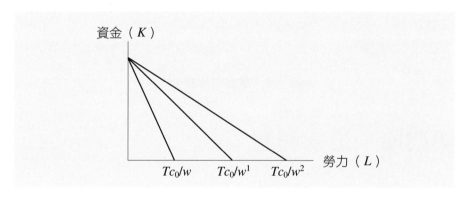

圖 7-3　**要素一方的價格變動時等成本線作不同斜率的變動**

四、成本最小的要素組合

所謂成本最小之意是指生產某一特定產量所使用成本達到最低的要素組合。這種組合有多種，但在不同組合下付出的總成本雖然相同，但付給甲乙因素的成本則各不相同。在支付可生產某定量 Q_o 時與可生產 Q_o 的等量曲線相切的點，所須支付的成本最低，如以圖 7-4 表示，則此最低成本線為 $Tc_0r - Tc_0w$，圖中 $Tc_1/r\text{-}Tc_1/w$ 的成本顯然高於 $Tc_0/r\text{-}Tc_0/w$，也即不能達到成本最低點，因為 $Tc_1/r\text{-}Tc_1/w$ 上各點的成本都高於 $Tc_0/r\text{-}Tc_0/w$ 線上各點。又 $Tc_2/r\text{-}Tc_2/w$ 上各點的成本雖然低於 $Tc_0/r\text{-}Tc_0/w$，但其產量卻無法與 Q_o 相等。

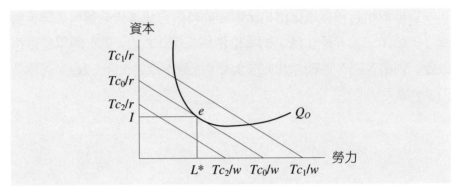

圖 7-4　最低成本組合

第四節　最大利潤

一、利潤的意義與種類

㈠利潤的意義

所謂利潤（profit），是指收益減去成本的差額。

㈡種　類

兩種利潤有不同的概念，即會計利潤（accounting profits）及經濟利潤（economic profits），後者也稱超越利潤（excess profits）。所謂會計利潤是指收益減掉外顯成本的部分。而經濟利潤是指收益減去機會成本，也即收益減掉外顯成本，再減掉隱藏成本。

賺取相當於隱藏成本的會計利潤稱為正常利潤（normal profits）。此部分正常利潤是廠商繼續經營企業的基本條件。

二、最大利潤為廠商的重要目標

最大利潤（maximum profits）是廠商所追求的目標，也是使利潤達到最高之意，但這不一定是廠商的唯一目標，因為有些廠商追求成

長甚於利潤，著重在追求市場佔有率遠甚於追求最大利潤。此外也有廠商很重視追求社會公益。然而追求最大利潤仍是一項重要的假設。以此假設最能合理分析、解釋及預測廠商的行為。

三、最大利潤的生產要素使用量

前已說過最大利潤是最小成本的一體兩面。故可達成最大利潤的要素組合條件是最低成本組合條件的倒寫。也即

$$\frac{P_1}{MP_1} = \frac{P_2}{MP_2} = \cdots \frac{P_n}{MP_n} = MPq$$

式中 P_1 為多使用一單位要素 1 所付出的代價，而 MP_1 為多使用一單位要素 1 所增加的產量，故 P_1/MP_1 所衡量的即為增加一單位產品所多出來的生產成本，也即邊際成本。

由上式即表示廠商使用任何生產要素必須使用到其邊際產量 MP_1 與邊際收益 MPq 的乘積等於該要素的價格 P_1 為止，此廠商才能獲得最大利潤。

四、最大利潤的計算

由於最大利潤是總收益減去總經濟成本（即包括外顯成本及隱含成本）為最大。要達成最大收益則必須使生產規模達到適當的限度，也即適當規模。

第五節　生產成本、利潤與規模因素的關係

前已論及生產成本、利潤與時間要素有密切的關係，故經濟學要

分析成本時，可明顯分為短期與長期的分析。此項時間因素與成本有關，必然也與利潤有關。

　　除了時間的因素外，與生產成本及利潤也有密切關係的另一重要因素是廠商的規模。將此要素與成本利潤的重要關係分成下列幾點說明。

一、固定規模報酬與成本利潤

　　生產規模與生產成本及利潤之間存在一種重要的相關性是，固定規模與報酬的關係。此種關係的意義是指生產要素增減的百分比與產量或產值增減的百分比相同。如果要素與產品的價格不變，則規模與生產數量或報酬的關係也不變，其與成本及利潤的關係也固定不變。唯多數的生產種類會因生產規模改變而改變供給量，致使價格改變，生產成本與利潤也將有所改變。故規模與生產利潤關係能固定不變的產物幾乎甚微。

二、規模報酬遞增的關係

　　此種關係是指產量或產值增加的百分比大於所有要素增加的百分比，也即繼續增加規模當有利潤可得。在此規模範圍內的生產或經營稱為規模經濟。報酬遞增的原因若發生於廠商內部者如係由提高生產效率等，稱為內部規模經濟。若原因係發生於廠商或企業系統的外部者，如因外在環境改善，則稱為外部規模經濟。

三、規模報酬遞減的關係

　　此種是指產量或產值增加的百分比小於所有要素增加的百分比。在此情況下的規模稱為規模不經濟，也即不符合經濟的規模條件。有規模過大管理不當之嫌。

四、規模報酬遞增或遞減的調整

　　當規模報酬遞增或遞減時，廠商為了追求最低成本或最大利潤，都有必要由調整規模來達成。當規模報酬遞增的情況，則調整的方向是可擴大規模，反之當規模報酬遞減時，則調整的方向是減少規模。調整的情形可用圖 7-5 說明。

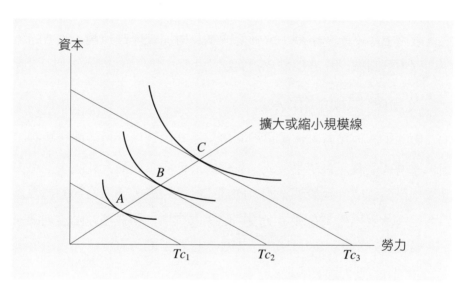

圖 7-5　**長期擴大規模或縮小規模圖**

　　上圖 Tc_1、Tc_2、Tc_3 三條曲線表示不同生產規模的曲線，A、B、C 是在三種生產規模下，資本要素與勞力要素的最低成本組合線與生產線的切點。Tc_1 表示生產規模報酬遞增的情況下，故可擴大規模，至 Tc_2，甚至 Tc_3。Tc_3 表示可擴大的極限，超過此規模，報酬即將遞減，廠商乃有必要將生產規模降至 Tc_2 或 Tc_1。

第六節　減少或降低成本及增加或提升利潤的策略

一、前　言

　　廠商或企業的目標既然在追求最小成本及最大利益，故在生產或經營策略上都不能忽略減少或降低成本及增加或提升利潤。重要的策略則有下列諸項，將之加以分析與說明。

二、調整規模的策略

　　因為生產規模會影響產量與產值，又其影響情形可能使其報酬固定、遞增或遞減，為使生產或經營達成最低成本或最大利潤，則可由調整規模而達成。至於調整的方向則如前面所述，要看當前的規模性質而定。若規模報酬在遞增階段則應擴大規模，若在遞減階段則應縮小，若在固定情形，則可擴大或縮小，也可不變為宜。

三、改善組織

　　此種策略是很具社會性的，卻可收到減少成本與增加利潤的經濟效果。改善組織策略的概念很多，調整組織規模是其中之一，此外，由調整組織的結構，改善人群關係，增進領導功能，建立明確的制度，適當運用權力，健全組織規範與文化等，都是加強組織的重要內涵，這些方面的加強與改進都有助組織功能的發揮，必然也有助於企業提升組織的經營利潤與減少其成本。

四、加強管理

生產機構的組織改善是指有關組織較外形與架構的改善，有關管理方面的加強，則是較軟體與內涵方面的改進。管理的目的著重對生產機構奠定健全的治事方法，矯正錯誤的作為，使組織能增進效率，也藉以減少成本及增加利潤。

五、利用廢物

不少生產性的機構，在生產過程中都會產生廢物，如農場上的作物殘渣，畜牧場的動物排泄物，鐵工廠的廢鐵，加工廠的廢料等。這些廢棄物都可再加以利用，有者可用為製造肥料，有者可當為再造原料，也有者可以出售。總之，若能對這些廢物，善加利用，不僅可以清潔環境，也可製造有用之物或直接賣錢，對於生產機構而言，都有助利潤的增加及成本的減少。

六、共同產銷

在農業生產界，因為農場規模偏小，產銷成本偏高，乃很普遍運用共同產銷的策略，藉由擴大經營規模以及運用合作原理，共同利用生產資源而達成減少成本及增加利潤之目的。

農業界的此種策略也可供為工商企業界之借鏡，由中小企業相互結盟，共同使用資源或共同推銷產品，應也可以收到減少成本，增加利潤的效果。

七、改進技術

技術是一項重要的生產要素，由改進生產技術，可以增加效率，包括提升單位時間的產量，或節省原料、人力及能源等。此種技術改

進的效果很明確也能降低產銷成本，增進生產利潤。

自動化技術應用在工業生產是可以節省成本及增加利潤的一項重要例證。自動化對節省成本增加利潤的最大效果是能達成快速大量生產。此種效果可有效降低單位產品的成本，也可使生產者獲得大量的收入及利潤。

近來電腦技術的使用，使許多企業的管理及服務部門節省許多人力，由是也可少付許多工資成本，提高辦事效能，增加營業量，使收入及利潤都為之加多，反之平均單位產品的成本則減低不少。電訊技術的進步及普遍使用在產銷作業上，也使生產事業減少生產者或經營者的交通成本，使其總成本為之減少，總利潤為之增多。

💡 練習題

一、是非題

(○) 1. 機會成本也稱經濟成本，包含會計成本及隱藏成本。

(×) 2. 短期生產成本只有固定成本，並無變動成本。

(×) 3. 短期總成本曲線是長期總成本的包絡曲線（envelope curve）。

二、選擇題

(B) 1. 在短期內廠商虧損小於固定成本時，應如何決策？
(A)關門大吉　(B)繼續生產　(C)不去理會　(D)賣廠。

(C) 2. 將生產同產量的各種要素的組合串連一起的軌跡所成的曲線是　(A)需求曲線　(B)供給曲線　(C)等量曲線 (D)差異曲線。

（ A ）3.當規模報酬遞減時，廠商應　(A)減小規模　(B)擴大規模　(C)不改變規模　(D)可任意調整規模。

三、解釋名詞

1. 邊際成本
2. 長期總成本曲線
3. 等成本曲線
4. 成本最小要素組合
5. 規模報酬遞增

四、問答題

1. 廠商如何獲得最大利潤？
2. 試論如何減少成本？

第八章

消費與效用

第一節　消　費

一、消費的意義與目的

㈠意　義

消費的意義是指人對財貨的需求與耗用。需求與耗用則有多種不同的方式，包括需求與耗用於吃、住、穿、用等不同的方式。在交換經濟的社會，需求與耗用的財貨都要經由貨幣或金錢去購買。

㈡目　的

消費的主要目的在達成消費者主觀上的滿足。附帶的目的也有不少，包括可以刺激生產，繁榮經濟，耗用存貨等。

二、消費者如何購買財貨

消費者所消費的財貨雖有自己生產或製造的，但因社會的細密分工，故多數財貨都由購買獲得。有關消費者如何購買財貨，則有許多的細節，將之整理分析如下：

㈠兩種分析購買財貨的假設

*1.*假定財貨價格為已知，且不因一消費者購買而影響其價格。唯有假設如此，消費者購買財貨才能加入價格變數作較詳細的分

析。

2.假定消費者的貨幣所得固定，因此其貨幣的邊際效用為固定。唯有假設如此，消費者才會有較約制理性的消費，消費行為才有較確定的軌跡可循。對消費者購買行為也才能作較明確固定的了解與預測。

㈡購買的消費行為性質

1.消費者所支出貨幣有一定的邊際效用。也即支出最後一單位貨幣，其邊際效用是一定的。

2.購得財貨也有一定的邊際效用。消費者用錢購買財貨，必定會得到效用，但最後一單位購得的財物，其效用也是固定的。

3.消費者購買財貨的數量停留在支出一元貨幣的邊際效用等於購得財貨的邊際效用。

4.如用公式表示，則 $\dfrac{Mux}{Px}=\dfrac{Mum}{I}=Mum$ 或 $Mux=Px\,Mum$ 。

式中 Mum 為貨幣的邊際效用，Mux 為 x 財貨的邊際效用，Px 為 x 財貨的價格。

㈢當價格變動時，消費者對財貨購買量的決定

1.當價格下跌時，購買量會增加，2.當價格上漲時，購買量會減少。

㈣消費者的均衡

1.消費者需要多種財貨時，對每一單位貨幣所購買財貨的邊際效用等於貨幣的邊際效用。當貨幣的邊際效用大於財貨的邊際效用時，消費者抱貨幣而不購買財貨，若貨幣的邊際效用小於財貨的邊際效用時，則消費者會用貨幣去買財貨。

2.消費者面對多種可購買的財貨時，若想獲得最大的滿足，必須

使貨幣支出用於購買各種財貨的邊際效用均相等。而且必須等於貨幣的邊際效用。也即 $\dfrac{Mux}{Px}=\dfrac{Muy}{Py}=\dfrac{Muz}{Pz}=Mum$ 。

㈤消費者剩餘（consumers' surplus）

消費者剩餘是指消費者購買財貨時，其所願意支付的需求價格與實際支付的價格之間的差額。消費者支付給完全競爭市場購買財貨的價格低於支付給獨佔市場上購買財貨的價格，這種價格上的差額即為消費者剩餘。

第二節　效用（utility）

一、意　義

效用（utility）是指消費者在購買及使用財貨時所感覺到的滿足程度。效用又可分成總效用（total utility）及邊際效用（marginal utility）兩種概念，前者是指由全部財貨所獲得效用的總和。後者是指每增加一單位財貨，總效用的增加量。

二、性　質

效用具有下列幾點重要性質：

㈠效用是一種主觀的心理狀態，無價值判斷。

㈡不同的財貨效用不同。同一種財物對不同的人效用也不同，即使同一種財物對同一人在不同的情況下，效用也不同。

㈢邊際效用具有遞減法則

1.意　義

當其他情況不變，在一定時間內，消費者對某一特定財貨的購買

量與使用量增加時，總效用雖然會繼續增加，但其邊際效用則有遞減的傾向，甚至遞減到低於零，則此時總效用不但不再增加，反而會減少。

2.促成因素

有兩個因素促成邊際效用遞減。其一是慾望滿足後其強度減低，其二是重要的願望先滿足，其效用高，而後再使較不重要的慾望滿足，故其後增的效用逐漸降低。

3.實　例

以喝啤酒為例說明，當運動後出汗又口渴之際，喝下第一杯啤酒，滿足感極高，也即效用極高，但連續再喝下第二杯，第三杯，滿足的程度就沒有第一杯的滿足程度大，且有漸減的趨勢。到了肚子脹了，口渴也消除了，再喝下一杯啤酒的滿足就不大了，甚至會是負擔，成為反效果，也即效用成為負數。

㈣邊際效用的計算

邊際效用可用總效用的變動來計算。計算的公式是：

$$\text{邊際效用} = \frac{\text{總效用的變動量}}{\text{消費數量的變動}} \text{ 或 } Mux = \frac{Tu_1 - Tu_0}{x_1 - x_0} = \frac{\triangle Tux}{\triangle x}$$

式中 Mux ＝消費 x 商品的邊際效用，

Tu_1 ＝變動後的總效用，Tu_0 ＝變動前的總效用。

x_1 ＝變動後的商品數量，x_0 ＝變動前的商品數量。

$\triangle Tux$ ＝變動的總效用，$\triangle x$ ＝變動的商品數量。

第三節 消費者效用選擇──無異曲線原理及引申

一、消費行為的基本假設

在分析消費者的效用選擇之前,必先了解兩個基本假設:

㈠消費皆是合理的,目的在求得最大的滿足。

㈡消費者對任何兩種財貨的組合都有其一定的偏好尺度。

二、無異曲線原理

㈠意 義

指消費者對財貨消費的不同組合的滿足無差異。將滿足程度無差異的所有消費組合連接起來所成的曲線稱為無差異曲線(indifference curve),簡稱無異曲線。

㈡性 質

無異曲線有數點重要性質,將之說明如下。

1.無異曲線數量很多,表示每個消費者的消費效用滿足程度有很多不同的情形。

2.無異曲線在座標第一象限內由左上方往右下方傾斜延伸。垂直座標表示消費 y 財貨的數量,水平座標表示消費 x 財物的數量。一條無異曲線表示消費 y 財貨與 x 財貨不同組合的同等效用或滿足。

3.若兩種消費的財貨能完全替代,則無異曲線為直線,若兩種消費財貨有競爭性或互補性,則無異曲線向原點凹進而成曲線。

三、消費者邊際替換率及邊際替換遞減法則

(一)邊際替換率（marginal rate of substitution）

邊際替換也是消費者效用選擇的一種。消費者維持滿足不變，而為了補償 x 財貨以致減少 y 財貨數量，稱為 x 對 y 的邊際替換率。

(二)替換率遞減及替換率遞增

上述 x 財貨對 y 財貨的替換率有遞減或遞增現象，如果 x 財貨數量遞增後，對消費者的重要性遞減，能替代 y 的比率也遞減。反之，當 x 財貨數量遞減，對消費者的重要性遞增，能替代 y 財貨的比率也遞增。

四、價格或購買可能線

(一)兩個前提或假設

消費者可能同時消費或購買兩個或更多的財貨。於是會出現價格或購買可能線。討論價格或購買的可能線時，須先對消費者購買財貨設定兩個前提或假設，即：

    *1.*假設除對財貨的主觀偏好外尚需知道消費支出的價格。

    *2.*假設消費者的總支出固定。

(二)所謂購買可能線是指消費者將所有消費支出用為購買兩種財貨數量的連線，此線也為價格線。

(三)價格線的斜率等於此兩財貨價格的比。

五、消費者的均衡

(一)意　義

指消費者分配兩種或更多種財貨消費支出的均衡狀態。

㈡均衡點是指在此種消費分配組合時，消費者可得到最大的滿
　足。均衡點通常是價格線與無異曲線的相切點。如下圖 8-1 的
　E 點即是。

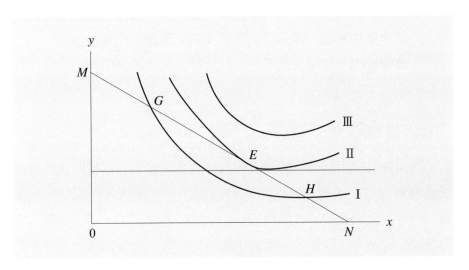

圖 8-1　**消費者的均衡點**

　　上圖 Ⅰ、Ⅱ、Ⅲ 為三條無異曲線，E 是 Ⅱ 線與價格線的切點，*MN*
為無異曲線 Ⅱ 量的價格線，*GH* 為無異曲線 Ⅰ 與價格線的兩個交點，
x、*y* 分別為 *x* 財貨及 *y* 財貨。

六、所得效果與所得消費曲線

㈠意　義

　　所得效果的意義是指當消費者的偏好不變，所得增加時消費支出
也增加，也即消費會受所得變化影響，或說所得變化對消費會造成效
果。而消費曲線是指當所得不同時，各種消費支出點的連線。

㈡性　質

1. 當消費增加或對財貨的需求有變化，消費均衡點也會有變化。
2. 新消費均衡點與舊有的均衡點比較，對某些財貨的消費量可能增加，但對另些財貨的消費量可能減少。通常對高品質財貨的消費量會增加，但對低品質財貨的消費量可能會減少。
3. 消費量因所得增減而變化，故消費曲線也會因所得改變而有變化。

七、替換效果

　　為兩種財貨因所得改變而改變價格時，消費者對兩種財貨的消費量都會有變化。消費者為維持原來的偏好，不會捨棄對兩財貨的消費，但會調整消費量。在所得沒有明顯提高的情況下，通常會多消費價格較低的財貨，以替代消費價格較高的財貨。但當所得提高時，可能會增多消費高價位的財貨，減少消費低價位的財貨。反之，當所得減少，則可能增多消費低價位財貨，減少消費高價位財貨。

八、價格效果與消費曲線的關係

㈠某財貨價格變動會影響消費者對此財貨及其他財貨的消費量，此為價格效果。由於此種效果，也會致使消費曲線變動。
㈡當某種財貨價漲，消費量減少，引發對其他財貨的消費量增加。反之當某財貨價低，消費量增加，則引發對其他財貨消費量的減少或增加。

九、消費者剩餘

　　在無異曲線的引申的原理中也包含消費者剩餘一項，意指消費者對某一財貨所願意支付的最高價格與實際價格的差額。

十、預算的限制

消費行為的引申也常出現預算受到限制的狀況,因為慾望無窮,預算有限,乃出現預算的限制。預算限制的方程式常用 $PxX + PyY = 1$。式中 Px 為 x 貨品的價格,X 為對 x 財貨預計消費量。Py 為 y 貨品的價格,Y 為對 y 財貨的預計消費量。PxX 為對 x 貨品的消費金額,PyY 為對 y 貨品的消費金額。對兩種物品的消費金額的和為1,也即表示有一定的數量或受限。

第四節 消費者再研究

一、消費者的種類

消費者的單位為人,消費者則可依能力及偏好兩者重要指標而分,依能力分,則可分為高所得者及低所得者,前者一般具有較佳的消費能力,後者的消費能力則較低。至於消費偏好的分辨,有多種分法,但重要的分法,如喜好消費低價及喜好消費高價財貨之間的差異。

二、消費能力的衡量與決定

消費者的能力有多種分辨的指標,下列各項都是:

㈠收入或所得水準

一般高所得者消費的經濟能力也較高。反之,低收入或低所得者消費的經濟能力也較低。

㈡選擇財貨或消費品的能力,包括選擇財貨的品質與價格

此種消費能力建立在其經驗與眼力的基礎上。經驗豐富眼力好,

對財貨的品質與價格的鑑別正確,能力佳。否則鑑別能力會較差。

(三)對各種消費品組合的能力

消費者可能同時消費兩種以上的財貨,如何能使消費效果達到最佳情況,也即使滿足達到最大,要能將消費品的種類及消費數量作最佳組合。

(四)對消費時間與地點的選擇能力

消費時間與地點因素也會影響消費的效果,故也為衡量消費能力的兩項重要指標。在正確的時間及地點消費,滿足度通常會較高,可說其消費的能力也較好。

(五)對消費量的分配

兩種以上消費財貨之間,在消費量上要能作較佳組合與分配。對某一種財貨可將之置於不同情況下消費。對兩種以上財貨的消費則需要作適當的組合或分配,消費效果才能較佳,足見消費量的分配也為衡量消費量的另一重要指標。

(六)自我控制能力

消費能力的衡量也要將消費者的自我控制能力計算在內,將消費者的自我控制能力當為衡量消費能力的另一重要指標。控制能力包括控制消費量及控制對不同財貨的偏好等。

三、消費支出結構

(一)意　義

消費支出結構是指個別消費或其他消費單位,如家戶將其一定的收入所做的消費或支出安排。

㈡影響消費支出結構的因素

影響消費單位消費支出結構的主要因素有兩項，將之列舉說明如下。

1.收入水準

收入水準的高低對消費支出結構的影響很大，所謂量入為出，是指收入量不僅會影響支出量，也會影響支出組合或結構。低收入者可能將較大部分的收入用在必需品的消費或支出上，因此其必需品如飲食費用佔總消費支出量的比率相對會較高。反之，高收入者花費在必需品的消費支出量相對較少，故其佔總消費支出量的比率相對較少，但其用於奢侈品的消費支出所佔的比率會較高。

2.消費者的偏好

偏好因素也是影響支出的另一重要因素。此一因素可能不受收入的高低所影響，或影響不大，主要受其習慣或價值觀的不同所使然。

㈢我國家戶的消費支出結構

1. 2000 年的消費支出結構

一般家戶的重要消費支出項目有八大項。依 2000 年我國政府發表的資料，一般家戶的重要項目共有八大類，依其消費支出量佔總支出量多少而列是：⑴租金、燃料及電力消費支出，佔 25.15%；⑵飲食及吸菸消費支出佔 24.21%；⑶教育娛樂支出佔 13.51%；⑷交通通訊支出佔 11.37%；⑸醫療衛生消費支出佔 11.09%；⑹家俱及設備消費支出佔 3.96%；⑺衣著消費支出佔 3.83%；⑻其他消費支出佔 6.88%。

2.歷年的結構變遷

近年來，我國家戶的消費支出結構大有變化，最明顯的變化有三點：㈠飲食消費支出所佔比率減少，㈡交通通訊消費支出所佔比率增

加，㈢醫療衛生的消費支出所佔比率也明顯增加。將若干重要年代臺灣家戶消費支出結構資料列如下表。

表 8-1　應年臺灣家戶消費支出結構的變化（％）

項目	1974	1981	1985	1990	1995	2000
合計	100	100	100	100	100	100
飲食抽菸	49.40	39.44	38.20	32.33	25.50	24.21
衣著鞋子	6.15	6.80	5.89	5.92	4.60	3.83
租金、燃料、電力	20.71	24.13	23.54	24.62	24.91	25.15
家俱、設備	3.79	4.58	4.12	4.27	4.57	3.96
醫療衛生	3.92	4.50	5.26	4.82	10.37	11.09
交通通訊	3.99	6.89	8.30	8.83	10.00	11.37
教育娛樂	6.06	8.38	9.51	13.34	13.12	13.51
其他	5.98	5.36	5.17	5.89	6.93	6.88

資料來源：2004，CEDD，Taiwan Statistical Data Book，pp.78-79。

㈣英格爾定律

英國經濟家英格爾（Ernst Engel, 1821-1896）提出一個有關所得水準與消費支出結構的關係法則，稱為英格爾法則（Engel's Law）。此一法則的重要內容之一是指家庭所得水準與其飲食等基本支出所佔比率成反比，也即所得越低者，用於飲食等基本消費支出所佔比率越高，反之所得越高者，用於飲食等基本消費支出所佔比率越低。由此定律可引申證實我國家戶隨著經濟發展而提高所得水準，用於飲食等基本消費支出所佔比率也為之減低。

第五節　效用的再研究

一、消費效用的種類與內涵

　　一般經濟學對效用的解釋與理解都很一般性，且很籠統，仔細探討消費者消費某種財貨所得到的效用，性質上相當的複雜，重要者有下列這些。

㈠生理效用

　　也即生理上的滿足，包括可填飽肚子，可振奮精神，可輕鬆手腳，以及可增強能量等。

㈡心理效用

　　包括各種心理上的滿足，包括達到自信，舒坦興奮、安慰、快樂等的心理狀態。

㈢經濟效用

　　包括提升經濟地位，增加購買能力等。

㈣社會效用

　　例如提升社會地位、改善社會關係，及增進社會意識等等，都是社會性的效用。

㈤外表效用

　　如可美容、美姿等的效用都屬此類。

二、效用的變動及其因素

　　上述各種效用會產生變動，也即會因時而變，重要的原因約有下列三項。

㈠消費者的條件改變

如其生理及心理條件的改變，生理及心理健康時比生病時會有更佳欣賞財貨心境，故可得到的心理效用會較佳。

㈡財貨的變動

財貨的量變與質變都會影響消費者的效用或滿足。數量足夠，品質良好都可使消費得到較高的效用與滿足。

㈢替代物品的出現

此種因素或狀況也會影響效用的改變。無替代物時，消費了原來的財貨都可心安理得，獲得滿足，但當市場上有替代物出現，可能引發消費者對原貨物的興趣與信心動搖。

💡 練習題

一、是非題

(○) *1.* 當兩種財貨因所得改變時，消費者對兩種財貨的消費量都會有變化。

(×) *2.* 同一條無異曲線上不同的點所代表的消費品總消費量的滿足程度是不同的。

(×) *3.* 替代品出現不致於使消費者對高級品的消費效用改變。

二、選擇題

(C) *1.* 價格線的斜率等於兩種財貨價格的 (A)和 (B)差 (C)比 (D)乘積。

（ C ）2.依消費的所得效果看，當所得增加時對某物品的消費是 (A)一定增加 (B)一定減少 (C)會變動 (D)不變。

（ C ）3.增加一單位物品的消費所獲得總效用的變動是 (A)平均效用 (B)基本效用 (C)邊際效用 (D)最大效用。

三、解釋名詞

1.消費者的均衡

2.消費者剩餘

3.邊際效用遞減法則

4.購買可能線

5.消費者邊際替換線

四、問答題

1.試論消費能力的衡量與決定。

2.試論影響消費者效用變動的因素。

第 三 篇

總體經濟學

經濟學興起之初都著重在經濟行為個體的
經濟性質與現象的傳統思維之探討，後來逐漸
擴及對整個國家及全社會的經濟體系的追究與
了解，也即發展出總體經濟學。本書的後半部
即在探討總體經濟學的概念與原理。

第九章

國民生產毛額及
國內生產毛額

第一節　國民生產毛額及國內生產毛額的意義與性質

一、國民生產毛額（gross national products 或 GNP）的意義與性質

㈠意　義

指一國的國民所生產的最後產品及服務的市場價值。

㈡性　質

國民生產毛額具有兩點重要性質，必須加以指出並分辨，以免混淆。

1. 國民所生產的最終產品及服務，不包含中介產品（intermediate goods）及服務（services）。

2. 此部分產品及服務包括國民在外國投資、存款及勞動所得。唯部分國民在國外的各種所得可能擔心被課稅而漏報，以致可能會有偏低的弊端。

二、國內生產毛額（gross domestic products 或 GDP）的意義與性質

㈠意　義

指國內在一定期間所生產的最終用途的物品或勞務的市場價值。

㈡性　質

國內生產毛額也具有下列幾點重要性質：

1.限在國境內部的生產物品及服務，在國外生產者不算。

2.在一定期間內通常指為期一年或一季。

3.最終用途產品及服務不包括中介產品（intermediate products）。

4.以市場價值計算，而不是私下估計的。

第二節　國民生產毛額（GNP）的衡量或計算

有關國民生產毛額的衡量或計算有下列幾種不同的方式或流程。

一、依最終產品（final goods）的流程計算。

依此概念或方法計算，則 $GNP = C + G + I + (X - M)$。將式中 C、G、I、$(X - M)$ 分別說明如下

㈠個人消費支出（C 或 consuming expenditure 的第一字簡稱）

C 共包含下列三項：

1.永久財（durable goods）

2.非永久財（non durable goods）

3.服務（services）

㈡國內私人毛投資淨額（gross private domestic investment 或 I ）

此部分生產毛額包括四小項，即：

1.外資（non residential structures）

2.設備（facilities）

3.國人投資（residential structures）包括在國內外的投資

4.存貨投資（inventory structures）

㈢政府購入財力及服務（government purchases goods and service 或簡稱 G）

此部分毛額包括兩小項：

1.中央政府購入部分。

2.地方政府購入部分。

㈣淨輸出額（$X - M$，也即淨額輸出減去淨輸入）

二、依我國政府對 GNP 的統計細項計算或衡量

我國政府實際計算 *GNP*，則包括下列九細項：

㈠受僱人員的薪津及補償金。

㈡私人財產所得。

㈢私人企業轉手收入。

㈣淨間接稅收。

㈤商業利潤稅收。

㈥政府財產所得。

㈦強制費用收入及罰金。

(八)公司儲蓄。

(九)其他收入,如外國援助等。

三、依國民生產毛額相當於國民所得毛額(也即 $GNP = GNI$ 的概念計算或衡量)

(一)意　義

國民生產毛額(GNP)是指一年內有價值的消費財貨與勞務的貨幣值。

(二)種　類:$GNP = GNI$,包括下列七項:

1.聘僱人員的補償金(包括薪津或工資)。

2.財產收入。

3.個人租金收入。

4.公司利益。

5.淨利息。

6.折舊或貶值。

7.間接商業稅收。

四、依國內生產毛額的企業分類(gross domestic product industry)計算或衡量

此種計算或衡量項目或類別如下列所示:

(一)農業收入

包括農、林、漁、牧業的收入。

(二)工業收入

包括:1.礦業、2.製造業、3.營造業、4.電力瓦斯及水等的收入。

㈢服務業

包括：*1.*交易及餐飲業，*2.*交通、運輸及倉儲，*3.*政府服務，*4.*金融、保險及商業服務等的收入。

五、國民生產毛額（GNP）與個人可自由處置之諸種所得（personal disposable income）之計算

㈠國民生產毛額（GNP）＝國民生產所得（GNI）

㈡國民生產淨額（national net product 或 NNP）＝ GNP 或 GNI 減去折舊成本或貶值，也即減去資本消費準備。

㈢國民所得（NI）＝國民生產所得＝國民淨所得（national net income 或 NNI）減去企業間接稅。

㈣個人所得（personal income 或 PI）＝國民所得（NI）－（公司所得稅＋社會安全保險費＋移轉收支費）。

㈤國民支配所得（disposable income 或 DI）＝個人所得或收入減去個人稅負。

第三節　國民生產毛額及國內生產毛額（GDP）成長的計算及GNP中遺漏部分

一、成長率的計算

㈠成長率的定義

成長率一般是指年成長率的簡稱，而年成長率係指當年生產值或

現值比前一年生產值或現值的增加值佔前一年生產值或現值的百分率。

㈡成長率的功用

國家計算成長率的功用或目的是用來表示經濟的變化事實或現象。此種成長率不僅可用為測量經濟變好或變壞，也可進而測量變化的速度。每個國家的經濟成長率可用為相互比較之用。

㈢貨幣生產毛額成長率或國內生產毛額成長率的計算

前者也稱為名義上成長率（nominal growth rate），後者稱為實質成長率（real growth rate）或調整成長率（adjusted growth rate）。而所謂實質成長率或調整成長率是指，計算國民生產毛額或國內生產毛額的成長率時將各年的產值以標準年物價水準調整後的實質產值的變動所計算出來的成長率，也即經過物價指數調整後的成長率。目的在避免國民生產毛額成長率受物價的變動所影響而產生灌水或虛假的情形。

二、GNP 的遺漏部分

國家的生產值中常有被遺漏不列入 GNP 計算的財貨或服務，主要包括下列兩類。

㈠非市場上的貨物（non marketed goods）

此部分財貨未在市場上交易，因而未列入計算。如從菜園中摘取供為自用的蔬菜，或農民留作自用的米糧，以及休閒的精神價值等非經濟所得。這些項目都是產值，但難以衡量，也未列入計算。

㈡指非法的財物或服務

此部分非法或黑市的財物或服務未列入 GNP 的計算之內。這些項目有賭博、高利貸、販賣毒品或私娼的收入等。

以上兩類容易被遺漏的國民生產財物或服務致使 GNP 會偏低。遺

漏越多，偏低的情況越嚴重。

第四節　國民所得與產出的決定

　　有關國民所得或產出如何決定，有兩種重要的理論，一為賽伊的市場法則（Say's Law of Market），二是凱恩斯的就業、利息與貨幣的一般理論（The General Theory of Employment, Intersts and Money）。此外近來對於國民所得的調整及如何增進等也發展出不少論說，將這些先前的理論及近來相關論說的要點分別說明如下。

一、古典學派賽伊的市場法則

(一)此學派基本上主張勞動及其他所有資源都可達充分就業

(二)此理論基於兩重要假設

1. 國家有足夠的支出去購買充分就業下的生產量。
2. 若總支出不足，也可透過財貨或工資的自動調節來保證總支出的減少，不會影響實質的產量、所得與就業。

(三)理論的重點

此理論包含三個重點：

1. 生產者會用去所有的所得，因而可維持充分就業，也即沒有本錢可怠慢不就業。
2. 市場利率可調節儲蓄部分，使其再用於投資與生產上。
3. 儲蓄與技術投資的關係決定利率水準。儲蓄可再用於投資的價值與機會高，利率也高。否則投資的價值與機會低，則利率也低。

二、現代所得與就業關係的凱恩斯理論

㈠凱恩斯於 1936 年出版《就業、利息與貨幣的一般理論》一書
（The General Theory of Employment, Interest and Money），對
所得與產出的決定與就業、利息等要素的關係有深入的認識與
見解。

㈡凱恩斯理論的重點包括下列數個細項

1. 以家計單位為建立理論的核心。

2. 現代社會不能保證充分就業的永久存在。

3. 儲蓄與投資不相通，儲蓄主要受所得影響，與利率高低無關。

4. 利率可影響投資，但不是最重要的影響因素，投資的關鍵因素
是報酬。

5. 投資量可大於或小於儲蓄量，投資會影響就業。

6. 在充分就業的情況下，所得水準（GNP）達到上限。

三、國民所得調整的必要性與策略

晚近經濟學界對於國民所得與產出決定的論說也注意到國民所得
調整的必要性一事。將此項論說的起因為何及調整的重要策略分別說
明如下。

㈠調整的必要性

一國的國民所得將有調整的必要性，乃因受三個重要因素的影
響， 1. 國際貨幣價值的改變， 2. 國內所得分配的不公平性， 3. 國民所
得水準偏低。就此三種因素或必要原因及其對所得整調的影響再作進
一步的說明如下。

㈡必要的因素

1.國際貨幣價值的改變

世界各國的經濟實力不一，故其貨幣價值水準不同。經濟實力雄厚的國家，其國民生產力高，國際貿易出超量多，貨幣的價值堅強。否則經濟力薄弱的國家，國民生產力低，國際貿易入超量多，貨幣的價值趨弱。國際間不同貨幣的價值不同的情況下，不同貨幣之間的相對價值時常變動，兌換外匯比率需要調整，使其公平。目前許多國家的貨幣與外國貨幣的交換價值都採浮動匯率，目的在能合理公平調整國民所得，不使吃虧。

2.國內所得分配的不公平性

國內所得分配不公平性是各國都有的現象與問題，為能公平合理起見，需要調整國民所得。常見的公平調整方法包括使用不同課稅的比率，對高所得者課以較高稅率，對低所得者課以較低稅率，此外也有由補助或救濟的途徑來調高低收入戶的收入，使其收入水平能達到可過最低生活水準。

3.偏低的國民所得或生產水準

國民所得或生產水準偏低也是對國民所得加以調整的因素之一。重要的調整策略很多，可另作說明。

四、增加國民所得的策略

增加國民所得幾乎成為各國政府的重要經濟政策目標。高所得國家也無不努力達成，低所得國家需求尤其殷切。常見的策略有如下幾種：

㈠促進經濟發展，包括增產及開拓貿易

增產的方法又有多種，包括開發及精密利用土地，累積資金，提升技術水準，建立良好制度與法規，訓練人才等。

㈡積存外幣準備，提升本國幣值

國家的幣值常要有黃金準備或外幣準備作為後盾，故一國要提升國民所得有必要由多準備黃金或外幣，以利提升本國的幣值。

㈢充分就業，增加工資

多數國民的所得依賴工資的獲得，故要提升國民所得，必要由增加工資做起。要增加個人工資的先決條件則是人人能充分就業。人人能就業，且能增加工資，則全部國民所得也才有提升的希望。

第五節　其他的相關名詞與概念

在經濟學上與國民生產毛額或國民所得有關的相關名詞與概念除了本章上面各節所列舉並說明者之外，還有下列若干，其中有些是相關性帳目，都是由國民生產毛額或國民所得所引導而來的。

一、價值增加法（value added method）

這是一種可以正確計算國民生產毛額的方法。這種方法是僅計算在生產過程中所增加的價值，也即要從產品的總價值扣除其購自其他生產者的投入價值。目的在避免重複計算的錯誤。

二、國民生產淨額（net national product 或 NNP）。

所謂國民生產淨額是由國民生產毛額減去資本設備的損耗折舊。

三、國民所得（national income 或 NI）

所謂國民所得是將國民生產淨額中減除企業的間接稅。也即以因素成本計算的國民生產淨額。計算國民所得時，應將政府生產事業所

支付的津貼與補助加入，否則會低估生產的真正價值。

四、個人所得（personal income 或 PI）

個人所得是指國民生產毛額中減除公司未分配紅利、社會安全稅、公司所得稅、而後加入政府的移轉支出給付，包括社會的安全的給付及退休金，政府支付公債的利息，以及企業間對個人的移轉等。

五、個人可支用所得（disposable income 或 DI）

個人可支用所得是個人獲得的所得中減去個人應繳納之租稅。

六、國民所得毛額

國民所得毛額包括：*1.*薪資所得，*2.*財產所得，*3.*利息所得，*4.*紅利所得，*5.*混合所得，*6.*政府間接稅。

七、國民支用毛額

國民支用毛額的結構包括四大項目，即：*1.*國內消費支出（包括耐久性消費財、非耐久性消費財、各種勞務）；*2.*國內投資支出（固定資本設備、各種建築活動、存貨的增加）；*3.*政府財政支出（公共消費、公共投資）；*4.*淨輸出。

第六節　國民生產毛額或國民所得概念在應用上的限制

一、應　用

國民生產毛額也即國民所得，常被當為國家經濟發展的指標，也

常用作國際間經濟發展程度的比較。但作此兩種用途時也有幾種重要限制。

二、限　制

㈠國民生產毛額或國民所得未能涵蓋未透過市場的各種經濟活動

國民生產毛額或國民所得都根據市場所反應經濟資料加以計算或衡量。然而卻有不少經濟活動並未透過市場而在暗中進行，尤以落後國家的經濟活動為多。故用國民生產毛額或國民所得表示經濟發展的程度，或作為國際間經濟水準的比較，常有不很實際的情形。

㈡國民生產毛額或國民所得無法顯示財貨或勞務的結構與變化

國民生產毛額或國民所得僅能表示價值，卻不易表示財貨與勞務的結構，因為不同的社會財貨與勞務的結構可能不同，同一社會不同時期，財貨與勞務的性質也可能不同，不能真切表現財貨與勞務結構，就難反應真實的經濟水準。

㈢國民生產毛額與國民所得無法顯示財貨品質的進步

因為國民所得與國民生產毛額只能表示量的變化，卻不易表示質的改變。然而許多財貨的品質卻因時而有很大的變化，由國國民生產毛額及國民所得的變化無法表達。

㈣無法顯示生產技術的水準與進步

各種財貨所包含的生產技術都因時而變，但此種技術的變化或進步卻難由國民生產毛額或國民所得資料中反映出來。

練習題

一、是非題

（ ○ ）*1.* GNP是國民生產毛額的簡稱，也是指國民所生產的最終產品及服務的市場價值。

（ ○ ）*2.* 國內生產毛額（GDP）是指國內在一定期間內所生產的最終用途的物品及勞務的市場價值，但不包括中介產品。

（ × ）*3.* 國民生產毛額（GNP）不包括國民在國外投資、存款、及勞動所得。

二、選擇題

（ A ）*1.* 設 $NP = C + G + I + (X - M)$，式中 C 是指：　(A)個人消費支出　(B)國內私人毛投資額　(C)政府購入財及服務　(D)淨輸出額。

（ D ）*2.* 在 1936 年出版《就業、利息與貨幣的一般理論》的一書中，指出在充分就業的情況下，所得水準可達到上限等論點者是　(A)馬爾薩斯　(B)賽伊　(C)熊彼得　(D)凱恩斯。

（ B ）*3.* 依我國生產毛額的企業分類，礦業收入被列在　(A)農業收入　(B)工業收入　(C)服務業收入　(D)其他收入。

三、解釋名詞

1. 國內私人毛投資淨額

2. 國民生產毛額年成長率

3.賽伊法則

4.國民生產淨額

5.個人支用所得

四、問答題

1.試論國民生產毛額或國民所得概念在應用上的限制。

2.試論國民所得調整的必要性與策略。

第十章

總合支出與
政府財政支出及預算

第一節　總合支出的意義與內涵

一、意　義

所謂總合支出（aggregate expenditure 或 AE）是指一國每年或一定期限內最終的財貨及勞動的總支出。可分為事後（Ex post）的總合支出，也即實際發生（realized）的支出數字，以及事前（Ex ante）總合支出，也即計畫中 Planned 的支出數字。

二、內　容

總合支出共約包含下列四項內容：

㈠**民間的消費支出（C）**

包括國民個人或家戶在衣、食、住、行、交通、娛樂、教育等各方面的消費支出。

㈡**政府的消費支出（G）**

即包括政府公家的各項消費支出，包括各種公務上的例行支出以及緊急性或臨時性的支出費用等。

(三)資本形成

此種支出並非用為消費，而是用為投資或購買存貨，故等於形成資本。

(四)國內對國外的需求費用

指用於向外國購買國內需要消費用品或勞務的費用。

三、四項支出內涵的分析

上列四項總合支出各包涵許多細項，將之分析如下：

(一)民間的消費支出

1. 此種消費支出由各家戶的消費支出加總而成。

2. 此種消費支出的計算也可由各家戶消費的每一項最終財貨與勞務銷售額加總或將其市價價值加總而成。

3. 影響因素

影響民間消費支出的因素有兩大項，

(1)家戶因素

此項因素包括家戶的所得、財富、未來預期所得、偏好、消費習慣、家庭的人數、家庭結構、居住地關係因素。

(2)非家戶因素

這方面的因素包括物價、所得分配、商品價格、對經濟前景的預期、稅率、利率、社交應酬、健保制度、政府的政策及行政效率、天災地變等。

4. 兩種不同的消費

民間的消費支出有下列兩種不同消費方式

(1)自發性消費方式

此種消費方式也稱為最低要求消費。一般家庭的消費支出在可用

所得水準不變的情況下，可增加或減少，乃稱為自發性的消費。

⑵誘發性消費方式

此種消費是指會因可用所得的增加或減少的結果而發生的消費。也即與可支配的所得有關的消費。

㈡政府的消費支出

此種消費支出是指政府各部門消費支出的總合。政府支出的分類繁多，就以我國政府組織部門而分，有內政、外交、國防、交通、教育、文化、經濟、財政、警政、環保、農業、衛生、勞工、主計、審計、能源等等部會，每一部會都有消費，包括用為人事，事務及建設的消費等。

四、資　本

不論是政府或民間的支出項目中都有當為資本項目的支出，此方面的支出又可細分成投資及增加的存貨兩項。

㈠投　資

私人的投資主要用為購買機器、廠房、建物、土地、原料、產品等。投資的目的是在想藉此過程而能獲得更多收益。

㈡存　貨

存貨是指暫存可供為日後銷售的貨物。存貨的目的無非是待價而沽，供為獲利賺錢的手段或過程，也是投資的一種，只是所投資購買的對象是供儲存的貨物。

五、淨進出口額

此項支出是指用為進出口財貨或勞務所需付出的資金或費用，淨進口貨品的目的也是為能增加存貨，供為賺錢生財之用。淨出口的目

的則是為能直接賺取錢財。

第二節　財政支出的重要概念

一、支出的必要性與性質

㈠必要性

政府為能有效辦理眾人之事，使能維護國家的安全、社會的安定，增進人民生活改善，乃需要支出費用。

㈡重要性質

政府支出費用的重要性質有多種，其中最重要的性質有下列諸點：

1.數額龐大

政府的支出一般都相當龐大，我國政府全年的支出預算都上兆。不同部門的支出預算多者千億、少者也有上億元之多。

2.用途很多

政府的財政支出項目很多，用途也很多，從如下一節所列的支出項目即可見之。

3.因情況不同而會有變動

財政支出不僅數量會變動，項目也會變動。在不同年代，同一支出項目的數量可能不同，支出項目也會有差別。變動的原因很多，可能是需求方面有變化，也可能是因為稅收來源方面有變化所造成。

4.浪費

不該花費而花費或應少花費而多花費。

二、重要的財政支出項目

政府的財政支出項目可從功能與結構兩大方面加以區分。

㈠依功能類別分

財政支出的功能，也即指其用途。重要者可分成下列幾大類別：

1.一般政務支出、2.國防支出、3.教育科學文化支出、4.醫藥保健支出、5.社會安全與福利支出、6.住宅與社區改善支出、7.其他社會服務支出、8.經濟服務支出、9.其他支出。

上列各項支出的功能項目之下，都可再加細分。例如在國防支出下，可分為購買軍機、戰艦、槍彈武器，及設置國防工業費用等。

㈡依支出的結構分

參照國家支出項目的結構，則可將支出分成兩大類，每大類之下可再分成許多細小類別。這些分類的結構，如下所示：

1.經常性支出

此種支出是經常需要支出者，故也要經常編列，包括下列細項：

⑴非耐久性財貨及勞務的購買。

⑵員工的薪資。

⑶公債利息。

⑷補貼。

⑸其他移轉性的支出。

2.資本性支出

此類支出具有資本的意義，包括下列兩小類：

⑴國家資本財的購買及權利的取得。

⑵公債的償還。

三、政府支出增加的趨勢及影響因素

㈠增加的趨勢

政府的支出數量每年不同，大致呈增加趨勢，但也會有緊縮的時候。

㈡影響因素

影響政府支出大致呈增加趨勢的因素很多，重要者有下列數點：

1.人口增加與集中於城市

世界各國的人口大致呈增加的趨勢，人多事多，建設服務也多，政府的支出乃有增無減。

人口集中城市也是世界各國的重要人口現象與趨勢。人口集中城市，公共設施的需求增加，支出也必要增加。

2.國民所得增加

國民所得增加也隨著生產技術的進步及消費水準的提高而提高。國民所得增加的結果，國民需求的公共設施與服務數量與水準也提高，支出的費用也增加。

3.國防的需要

技術進步，武器更新，人類的衝突與國際間的戰爭常會發生，政府為保護國民的安全，乃不斷增加國防費用。

4.物價水準上升

物價水準常因物資稀少與品質的提升而上漲，政府支出在名目上也隨之膨脹。

四、政府支出法則與成本效益分析

㈠一般法則

政府的支出可分為供為公共支出部門及供為私人部門兩方面。其間的分配也須掌握正確的法則，才能使社會得到最大的利益。重要的法則為兩項：

    1. 最後一單位的貨幣支出在公共部門所生產的邊際利益等於用在私人部門所生產的邊際利益的法則。此法則也即 $MB_X = MB_Y$ 的法則，上式中的 MB_X 為最後一單位貨幣（如一元）用在公共部門所生產的邊際利益，MB_Y 為最後一單位貨幣用在私人部門所生產的邊際利益。

    2. 政府每花一元預算在不同的公共支出帶給整個社會利益相同的法則。

在此法則下，社會能得到的經濟效益最大。若以公式表示，則 $MB_1 = MB_2 = MB_3 = \cdots\cdots MB_n$，式中 MB_1 為政府每花一單位（如一元）預算在 B_1 公共支出計畫帶給整個社會的利益。MB_2 則是花費一單位預算在 B_2 公共支出計畫帶給整個社會的利益。其餘類推。

㈡政府支出計畫的成本與利益內涵

1. 意　義

有關政府支出計畫的成本與利益內涵是政府支出成本效益分析的一要項。此種成本與利益的意義是泛指因政府計畫的實施而引起的國民生產或社會福利的換算。生產與福利良好，則可獲得利益，反之不良，則要付出成本。

2. 種　類

政府支出計畫的成本與利益可分為產物成本與利益，以及金錢的

成本與利益。前者是指成本或利益以實物計算。例如政府花錢建造一條公路，其成本可用徵收土地的面積及使用的勞動人工計算，利益則可用每年、每月或每日的通車輛數計算。後者則可將各種產物成本或效益兌換成金錢計算。

3.再分類

不論計算計畫的成本或利益，都可再細分成直接與間接，可見與不可見，中間與最後，內部與外部的各細項類別。

(三)成本與利益價值的估計

有關政府所支出的計畫在成本利益價值方面的估計方法，具有下列幾點重要性質

1.估計複雜

因其有不少間接的或外部性的損益存在，又各種成本或產出不一定全在市場上出售。

2.按市場價值估計後必須再做調整

因為初步估計常是預測性的，也是很概約的，對許多細節常設想不周，故常須於經過仔細思考後，或於經過實際印證後，再做調整。

3.對未來成本或利益的估計必須適當折成現值

不少成本與利益在估計時都尚未發生，必要將對未來成本或利益的預測折算成現值。至於折現可參考的貼現率有四種可供參考：(1)通行市場利率，(2)政府公債利率，(3)私人投資報酬率，(4)資金的社會機會成本。在四者當中究竟應選擇那一種，則不簡單，困難不小。

第三節　重要支出性質簡析

政府的支出種類很多，數目也很龐大，本節就各種重要支出的性質扼要分析說明如下。

一、國防支出

國防支出常是政府支出的要項。將必要了解的內容分成兩點說明。

(一)分　類

國防支出分兩大類，一為購買武器支出，二為轉移性支出，如贈與友邦國家，或補貼與賠償關係國。

(二)採購武器的合約

採購武器是最主要的國防支出，此種支出的數額一般都很龐大，故需要訂立嚴密的契約。有關購買武器所訂立的契約方式約有下列三種，

1. 固定價格合約

將價格於購買時敲定。不因原料價格漲跌而改變，或因匯率的改變而改變價格。

2. 成本外加合約

此種合約是寫明當原料等成本有變動時，一般卻會上漲，則由買方外加價錢給付。

3. 成本分攤合約

指當自訂貨至交貨期間，成本提高，價格上漲時，則由買賣國雙

方各分擔一半，或按合約約定的比例分攤。

二、教育支出

此方面的支出有兩個要點需加以了解，一是支出的分類，二是支出的理由，就此兩要點再加說明如後：

㈠支出的分類

教育支出可按三方面分：

1.學校教育層級的支出

自低層至高層可分為幼稚園、小學、初中、高中（職）、大專院校及研究所的支出。其中對於公立學校的支出較多，對私立學校的支出較少。

2.社會教育支出

此項支出主要在補助社會大眾的教育，包括對社區大學、空中大學、社教館、藝術館及博物館等的支出或補助。

3.國際文教支出

此種支出主要在補助公費留學生、學者出國開會及從事學術交流等。

㈡政府支出教育經費的理由

政府支出的教育費用為數也不少，此項支出不可缺乏的理由主要有下列四點。

1.培養現代國民具備一定水準的知識

政府提供義務教育支出或經費的主要目的，在培養現代國民具備一定水準的知識。國家越進步，義務教育的水準越高，也即期望國民應具備的基本知識的水準也都越高。國民的基本知識提升有助於增強

國家的建設力量，減少國家對國民的負擔。

2.教育可創造大眾的外部利益

所謂大眾的外部利益是指社會大眾可從外界吸收或接收的利益與好處。國家對於教育的投資，可使社會上教育資源充足，國民的教育水準也普遍提高，故可轉換成有益國民生活的資源，國民本身也有較高的創造資源及接受資源的能力，故全社會及全部大眾都可從政府教育支出獲得利益。

3.給貧窮者有受教育的機會，合乎公平正義原則

政府的教育支出中有一部分使用在窮人身上，如補助窮人的學費、營養午餐、助學貸款等。這些支出都可使窮人直接受益，因而也可免於因為貧窮而致使教育受損，充分合乎公平正義原則。

4.有利政令的宣導

經由政府的教育支出，使國民人人都能接受義務教育或更高水準的教育，因而能具備理解與接受政令的能力，使政令能容易並順利推展。

三、交通支出

政府的費用支出中，交通支出也為重要的一項。有關此項支出所需了解的重點有下列兩項。

㈠支出用途

交通支出或費用主要用在公路、鐵路、航空及水運的建設上。因為公路、鐵路、航空及水運是交通的要道。這些方面的費用支出除了用於建造公路、鐵路、機場、碼頭等主要硬體設施外，也用於配置必要的的橋樑、隧道、車輛、飛機、船隻，乃至經營人力的教育訓練等。

㈡費用來源及支出原則

一般政府的交通費用支出來源取自兩大方面，一為國民的納稅錢，二為使用者所繳交的費用。至於支出的原則，一方面固然需要注重成本效益的概念與原則，另方面也要注意公平合理的原則。前者是注重支出要能有利益回收，後者則要顧及國土之內不同地點及不同社群團體都能有享用交通設施的機會。

四、福利支出

有關政府福利支出的重要概念，有下列三大方面需要了解。

㈠對　象

福利支出的主要對象為貧窮者及特殊弱勢身分者，後者如殘障者及病患。

㈡種　類

政府所支出的福利費用常用兩種不同種類型或方式支給

1. 現金福利支出。

此種支出是直接給接受者現金補助。包括津貼、安全所得、減稅或免稅、工資補貼等。

2. 非現金福利支出。

此部分支出包括糧食補助、醫療補助、房屋及其他援助。

㈢福利措施對經濟的影響

政府花錢在福利事業上，必會有福利措施，這些措施對經濟會產生多種影響或效果，重要者有下列這些。

1. 所得效果

福利的享有者於獲得現金支給後，其所得提高，可支配的收入與

費用也提高，可能因此而減少工作時間。

2.影響資源利用效率

各種福利措施可能影響可用資源的利用效率。免稅減稅可能減少工時，也減少對土地及資金等資財的投入與使用。

3.扭曲市場價格

因為補貼的福利支出可能影響物價穩定，使價格本來會漲而未漲，或應該跌而未跌。糧食補貼支出，也可能影響市場上的糧食支出能維持一定水準的運作，不因貧窮而減少供需。

4.干擾消費行為

福利支出會直接干擾消費者行為。福利引發的所得效果可使受益者提高消費能力及消費習慣。干擾包括助長與受限。福利支出也可能間接影響非受益者受到競爭而得不到消費品。

五、醫療照護支出

有關醫療照護支出的經濟學，有下列五項重要者，值得學習者認識與了解。

㈠變遷法則

各個社會政府的醫護支出多半都有增無減。當支出的費用增加，支出所產生的各種設施服務也增加。

㈡增加支出的費用

社會上有關醫護支出增加的原因很多，下列幾項是重要者。

1.個人及政府都更重視醫護事務與行為

醫護事務受到民間及政府更加重視，固有其必要性。主要是因為公私之間都更重視健康。

2.個人所得水準提高

個人所得提高是經濟發展與進步過程的一項重要指標。當個人所得水準提高時，對於醫護的需求也提高。政府需要配合發展醫護設施與服務的水準也提高。

3.人口老化

需求醫護的人口中老人比青壯年齡人口的需求有過之而無不及。老人的醫護需求，隨著人口老化或老年人口增加而增加。

4.保險制度與事業的發展

許多醫護支出是與人壽或健康保障制度與事業相結合的。社會上保險制度的發展也促使政府需要配合的醫護支出也為之增加。

5.醫療技術的進步

醫療技術的進步是普天之下各地都有的共同變遷趨勢。醫療技術的進步引發了不少醫護事業的商機，政府需要在醫護上的投資與服務也為之增加，致使其支出也有增無減。

㈢醫護照顧的方法

政府在照顧醫護方面很講究與注重方法，重要的方法有下列諸項。

1.公有化

政府機關設有公立醫院，或安養機關，直接照護疾病的患者或老人。雖然這些公立醫院或安養機構未能涵蓋所有醫院或安養機構的全部，卻具有引導與啟發私人也興辦醫院及安養機構的作用。

2.強制企業雇主替職工投保

政府在照顧醫護方面也講究強制企業主替職工投醫療健康保險，使其職工在職期間患病或受傷時都有良好的醫療照護。政府在這方面

也常支出配合款以健全保險制度。

3.強制個人投保

目前，臺灣的政府要求人人需要投健康保險。對於無雇主或退休老人，則由政府機關如地方鄉鎮區公所等承擔保險費。在中央則由勞保局統一辦理健保事務，醫療照護事務則由各公私立醫院擔任。政府對於私立醫院的治理醫護工作也具有監督與管理的權責。

4.醫療儲蓄帳戶可減稅

政府在醫護照顧的方法上，也實施醫療儲蓄帳戶可減稅的制度，藉以鼓勵私人經投保而可獲得醫護的保障。

5.鼓勵採用管理競爭方式

政府在管理與監督醫療照護的方法上也採用鼓勵管理競爭的方法，使績效良好者可得獎，績效不良者要受罰或警告。

㈣政府參與醫護照護的理由

政府所以必要參與醫護照護的理由很多，重要者有下列六項：

1.消費者主權

不論接受照護的對象是私人或政府機關，消費者都有權獲得安全保障，故有必要由政府出面管理。

2.機會平等

人人都有生病的可能，故都有需求醫療照護的機會。弱勢團體卻常缺乏這種機會，有必要由政府做主，彌補此種機會上的缺陷。

3.協助選擇

醫療照護有許多選擇的機會，有時也會有選擇錯誤，不但使個人遭受浪費與損失，也使社會上的醫療資源遭受損失。政府有必要協助能力較差的國民做好選擇，也保護其因選擇不當所遭受的損失。

4.道德危險性的矯正

有不少個人因可免費獲得醫療照護，乃不注重健康或有浪費健康資源的危險性。政府對於有此種道德危險的國民有必要加以矯正，故應參與醫療照護系統的運作。

5.對經濟效益的管理

各種醫療行為或事情的背後都關係經濟利益，故很容易被扭曲或冒領，很必要政府介入參與監督。

6.相關訊息缺乏或不足

社會上的醫療照護資訊雖有不少，但仍常有不足或缺乏的情形，政府的角色可有效補充此種缺陷或不足的問題。

㈤政府可扮演的角色

政府應參與醫療照護的理由已如上述，實際上政府在參與的過程中常扮演下列的重要角色。

1.參加辦理公民健保

政府機關乃至公立的教育機關，都參與辦理健保的工作。政府的雇主機關，每年要幫雇工或受僱人員繳納健保配合款。

2.完善管理市場

政府對於醫療照護支出的另一重要角色是管理，醫療照護的市場很容易產生問題與弊病，重要的問題與弊病包括不合理的高收費，提供偽藥或禁藥，以不當方法招攬生意，以及醫護人員與病患會有糾紛與衝突等。這些問題與弊端都需要政府介入管理。

3.資助醫藥研究

醫療照護的成效依賴高明的醫學與藥學技術甚鉅，而高明的醫學與藥學技術則要靠不斷的研究與創新。此種研究與創新雖然可由私人

投資，但更需要政府的資助。因為一般私人對研究投資或資助的興趣不大，數額也有限。此種有益公眾的事業，投資的結果與效益由公眾及政府所享有，故由政府投資或資助也很合理。

4.加強公共衛生教育及服務

公共衛生的增強可以節省醫療照護，而公共衛生要能收效，則教育與服務工作非常重要。此種教育與服務，私人較少有投入的興趣，也需由政府的介入與協助。

5.強化醫療品質的監督及醫護訊息的傳播

醫療照護的成效依賴醫療品質甚鉅，而醫療品質的增進與改善途徑很多，也甚需要有適當的機構監督並傳遞訊息。此種監督品質及傳播訊息的工作由政府擔任最為恰當，一來政府有較足夠的資源可供運用，二來政府有較強硬的公權力做為後盾，工作的績效會較顯著。

六、年金與失業保險支出

有關年金與失業保險支出的重要經濟內容與意涵，可分為下列幾方面說明。

㈠意　義

年金與失業保險是一種社會經濟特性。其目的為能保障社會的安定與安全。年金與失業保險的性質也隨社會經濟條件的不同而不同，不是所有的社會都有實施這些制度與政策的經濟能力，也不是所有的年金與失業保險的制度、政策與措施在不同的社會都相同。隨社會經濟的變遷與條件的不同而定。

㈡實施辦法

1.年金制度的實施辦法

年金的實施包括數種不同辦法，一種是自籌養老金制度。也即從個人的薪津中扣除作成基金生息後使用。年金的另一種實施辦法是隨收隨付的制度。此種制度係由繳社會安全稅或薪資稅而獲得。

至於年金的計算一般是按保費大小決定，或以多重考慮。如除保費外，也考慮到個人的薪資水準，家庭收入，及退休年齡等諸種因素。

政府實施失業保險支出的目的或用意是在保障失業者的經濟來源，平時由就業者的薪資收入中收取一些數額當為失業保險費用，於其失業時則提供救濟金。

㈢對年金保險的評論

年金保險被批評的地方有下列四點重要者。

1.年金與保險金的支出不相稱

一般後者的支出較前者為多，以目前臺灣老人得到的年金，為每月三千元。個人所得到的數目微不足道，但政府的總支出則甚可觀。

2.未來下一代的負擔很重

隨著出生率的下降，預期壽命不斷增長，未來下一代的年輕人背負的老人年金負擔會變得很重。

3.年金制度會減少儲蓄

因有年金制度，使許多人對未來老年時的生活費用有恃無恐，乃對當前不知多加儲蓄。

4.會減少國家的勞動供給

因有年金制度，使不少人至老時依賴年金而生活，而不願再將可使用勞動力投入勞動市場。

㈣失業保險的做法與效果

1.做　法

失業保險的做法或實施辦法是在平時工作時，由勞動者購買失業保險金，至真正失業時，則由政府發放失業所得補償金。

2.性　質

投入失業保險一方面要講究勞動者的性別、婚姻等條件方面的限制。而在投下的最高期限也有限制。

第四節　預算的編列、審查與控制

一、編　列

政府公部門通常都需要編列年度預算。編列的過程都由基層的公務機關先做起。預算的編列不外包含經常的人事費用及建設的費用。此外也還編列一些做為不可預測情況之下的預備金。

中央政府各部會編列預算的總額，一來受其員額編列的規模所影響，另方面則受其準備工作或業務的數量所影響。特殊性的官方工程建設，如建造捷運、高鐵等建設，都會編列巨額的預算。

二、審　查

政府的支出預算都要經過立法機關的審查與調整。年度預算約在前年年終之前要審查完畢，供新會計年度開始時，即可使用。而預算在使用或消化的過程，則要受審計機關的審查。

立法機關在審查政府的年度支出預算時，通常都會採取嚴格的削減措施，為人民看緊荷包，對不需要的預算加以刪除或刪減。但對政府需要的開支而被遺漏者則少見會被調整增加。

　　審計機關在審查政府各公務機關的支出項目，都著重在其所用是否合乎原先的計畫，以及所用項目或方法是否合法。

三、預算的控制

　　預算的控制主要是指編擬單位在使用上的控制，一方面控制使所用合乎項目，另方面則控制使所用合乎時間的進度。

　　不少政府部門或其管轄的委外預算，在預算控制的方面很不良好，乃常有預算不足，追加預算的情事，實是很不好的示範。其中雖有不得已的情況，但頗多人謀不臧的問題。由於預算支出的控制欠佳，常要使國家浪費許多公帑。

第五節　當前臺灣政府的支出

一、支出總額

　　以公元 2003 年為例，政府的經常收入為 1 兆 7,572 億，經常支出為 1 兆 6,961 億，故當前盈餘僅有 6,10 億。但在資本帳中，收入則僅為 909 億，支出卻有 5,100 億之多，不足 4,191 億。全年總帳透支 4,191 億，不足部分由舉債、發行公債，或用過去的盈餘為之彌補。

二、支出結構

　　2003 年時，在全部 2 兆 2,062 億淨支出中，行政費用為 3,315 億（佔 15.0%）、國防費用共 2,277 億（佔 10.3%）、教科文支出共 4,612 億（佔 20.9%）、經濟建設共 4,048 億（佔 18.3%）、社會安全共 6,096 億（佔 27.6%）、債務償還共 1,593 億（佔 7.2%）、其他 119 億（佔 0.5%）。

　　從上列有關 2003 年時臺灣政府的支出結構中，按各項支出佔總收支比率多少的順序依次是：(1)社會安全，(2)教科文，(3)經濟建設，(4)行政費用，(5)國防安全，(6)債務償還，(7)其他。

三、支出結構的變遷

　　在不同年度，政府的支出結構會有改變，乃因國家的情勢不同及建設的重點不同所致成的。從臺灣在廿世紀的後半段，在政府支出結構的變化情形可看出下列數點重要性質。㈠社會安全費用所佔比率明顯增加，㈡國防費用所佔比率明顯減少，㈢行政費用、經濟發展及債務等則是循環變動。就 1955 年、1980、1990、2000 及 2003 年各種政府支出佔總支出百分率的變化列如表 10-1。

表 10-1　歷年來臺灣政府對各項支出佔總支出百分率的變化（百萬、%）

	總支出額	行政支出	國防支出	教科文支出	經濟發展支出	社會安全支出	債務支出	其他
1955	6,414	15.3	49.5	13.9	10.7	6.8	0	3.8
1970	47,226	13.4	37.2	16.9	18.6	9.9	1.9	2.1
1980	340,363	9.4	30.3	12.5	32.0	11.7	0.5	0.1
1990	1,097,518	11.5	19.2	20.7	27.5	18.6	1.5	1.1
2000	3,140,936	14.9	11.4	20.7	15.1	28.9	8.6	0.4
2003	2,206,223	15.0	10.3	20.9	18.3	27.6	7.2	0.5

資料來源：CEPD, 2005, Taiwan, statistic Data Book, 177 頁。

💡 練習題

一、是非題

　（ × ）1.物價是影響民間消費的家戶因素。

　（ × ）2.員工的薪資是資本性的支出。

　（ ○ ）3.當政府可分配的支出額一定時，則分配的最佳原則是
　　　　(1)$MB_1 = MB_2 = MB_3 = MB_n$，也即是說每花費一元預算
　　　　於不同的公共支出帶給社會的利益相同，以達最大經
　　　　濟效益。

二、選擇題

　（ D ）1. 2003 年時，臺灣政府支出中哪一項目最多？　(A)行
　　　　政支出　(B)國防支出　(C)健康支出　(D)福利支出。

　（ D ）2.中央政府部會預算，應不受下列哪項因素的影響？
　　　　(A)員額的規模　(B)業務差異　(C)特殊建設　(D)與立
　　　　法院的關係。

　（ B ）3.下列福利支出的效果哪種是錯的？　(A)影響所得　(B)
　　　　不影響資源利用效率　(C)扭曲市場價格　(D)干擾消費
　　　　影響。

三、解釋名詞

　1.自發性消費

　2.經常支出

　3.購買武器契約方式

　4.誘發性消費

　5.年金

四、問答題

1. 試論政府支出的法則與成本效益分析

2. 影響政府支出增加趨勢的因素為何？

第十一章
貨幣、銀行與國際金融

　　貨幣、銀行與國際金融同為便利經濟活動，促進經濟發展而設立的經濟要素與制度。本章針對這三項相互關係密切的經濟要素與制度的重要概念與性質分別加以說明。

第一節　貨幣的功能與型態

一、功　能

　　貨幣因有功能，乃被人類廣泛普遍使用與流通，其重要的功能有三種，將之分別說明如下。

㈠交換與買賣的媒介

　　貨幣的最主要功能是作為物與物交換與買賣的媒介。早期人類未發明貨幣之前，都採物與物交換的方法進行。但此種交換方法很不方便，因為有些物品的體積太大，重量太重，或易受損，直接交換甚不方便，乃改以貨幣當為物與物交換或買賣的媒介。

㈡價值的標準

　　以貨幣代表物品的價值，可以劃一標準，方便衡量。以此價值標準作為交換或買賣基礎，不僅可應用於兩物之間的交換與買賣，且可應用於多種物品之間的交換與買賣。不僅可用於近處的物品之間的交換與買賣，也可用於遠處物品之間的交換與買賣。以貨幣作為標準來

衡量物品的價值，可使不同物品之間價值公平客觀、清楚、且明瞭。

(三)價值的儲藏

貨幣的體積都有極小化現象與趨勢，由早前的金屬貨幣演變到當前的紙幣，不僅體積減少，重量也減少，方便攜帶與儲藏。讓擁有貨幣的人，能很方便處理。

因有上列三種重要的功能，貨幣乃為人類社會普遍使用，雖然不同國家與社會所使用的貨幣單位與價值不同，但以紙或有價金屬代表的通性則很普遍一致。

二、型 態

貨幣的型態從古至今曾演變過幾種重要的不同階段與方式，將之依照發行與通用的前後順序列舉說明如下。

(一)商品貨幣

最早期人類使用的貨幣都以商品為標示。可用的商品本身即有價值，故也可當為貨幣，將之與其他商品作交換或買賣時，不需再假用其他的媒介，可直接計算其價值，作為交換或買賣的基礎。

有些較具有價值或方便攜帶或儲藏的商品，也常被用為替代他種商品價值的媒介，用為與其他商品交換或買賣的媒介。有用的米穀及動物等商品都可當為交換或買賣媒介的貨幣。

(二)金屬貨幣

在過去歷史上世界各國的貨幣發展史上，金屬是很常見且使用時間也很長久的貨幣方式。金屬貨幣中最常見的質材是銅、鎳與黃金或白銀。一來因為這些金屬可將其體積做小，便利計算、攜帶與儲藏，二來是因為其質地堅實，不易受損或遭受破壞。

(三)信用貨幣（credit money）

所謂信用貨幣是指貨幣的價值建立在交易者之間的信用基礎上。貨幣本身並無價值，或說其價值甚為微小，附上彼此的信用後，貨幣才變為有價值。信用貨幣的票面價值都比幣材價值大。

這種信用貨幣的種類很多，包括銀行發行的紙幣與輔幣。這些信用貨幣都由政府發行並認定。人民之間對之也都給予信任。一般貨幣的主幣都為紙幣，附幣則為金屬輔幣。輔幣在價值或交換與償還能力上都有一定的限制。輔幣的單位價值都比主幣的單位價值低。

(四)存款貨幣（deposit money）

社會上發展出貨幣後也都跟著流行存款的制度。一般人民將所賺的錢花用之後，都還有剩餘，將之儲存起來即成為存款貨幣。一般的存款都儲存於銀行之中，銀行則發給存款人一張存單或開出支票。兩者的體積很小，重量也很輕，可方便儲存，且可儲存多時。

第二節　貨幣與價格水準的關係、貨幣交易方程式與信用的概念

一、關　係

(一)貨幣交易量隨需求量的變化而改變

貨幣在市場上有交易的現象，交易量隨需求量的增減而增減。需求量也由交易量反應出來。

(二)貨幣供應量與物品價格的變動呈正比

市場上的貨幣供應量的變化會引起一般物品價格也會有變化。當

貨幣供應量增加，一般物價的水準上升，反之如果貨幣供應量減少，則會使物價的水準下降。物品的價格（物價）水準變化與貨幣量變化的方向相同，比例也相同。此稱為貨幣數量理論（quantity theory of money）。

二、貨幣交易方程式

㈠意　義

貨幣交易方程式的意義是指貨幣在市場上的交換量與物價水準變化的關係。

㈡創始者

有關貨幣交易方程式的概念與理論是由美國經濟學家費雪（Irving Fisher, 1867-1947）所創。

㈢方程式

貨幣交易方程式的寫法是

$$MV = PQ$$

式中 M 代表貨幣的存量。

V 代表貨幣的流通速度，也即貨幣供給的每一單位在一定期間被使用的次數。

P 代表物品價格水準或一般物價水準，也即每一筆貨品交易的平均價格。

Q 代表貨幣交易量，也即財貨與勞務在一定期間被生產與銷售的實物總量。

三、信用的概念

㈠意　義

在經濟學上信用的重要意義有兩點，*1.*表示某一當事人向另一當事人約定支付款項或勞務及財貨的承諾。*2.*指債務人與債權人之間所簽訂的書面協議。

㈡信用證券的類別

信用以書面的表示，共有三種不同的類別，即

*1.*本　票

是指一個當事人向另一當事人約定在一定期限後支付一定款項的承諾憑證。本票的發票人可以是個人、公司或政府機關。

*2.*匯票（money order or draft）

匯票是指由一個當事人（債權人或發票人）命令第二個當事人（債務人或付款人），向第三當事人（持票人或受款人）支付一定款項的委託憑證。

*3.*債券（bond）

債券是一種約定在將來一定時間，支付一定款項的承諾憑證，並約定在一定時間對這筆款項按一定利率支付利息。分為由公司發行的公司債券及由政府發行的公債。

㈢信用證券的功能

上列三種信用證券所以能流行，因為具有下列兩種重要功能。

*1.*可促進交易的功能

若每筆交易或買賣都要用現金，必然會很不方便，也有危險性，經由不同的信用證券，可減少很多麻煩與困擾。

2.可溝通儲蓄走向投資

信用證券可溝通儲蓄,走向投資,因而可促進經濟發展。

第三節　銀行的種類、業務、資產與負債

一、種類與業務

　　銀行的種類很多,不同種類的銀行經營的業務也不相同。其中重要的類別有商業銀行、中央銀行及其他。其他種類的銀行則包括土地銀行、合作金庫、農民銀行、中小企業銀行及農業金庫等,各有特殊的目的與使命。本節僅就商業銀行及中央銀行的業務簡要加以說明。

二、商業銀行的業務

　　商業銀行是最常見且是數量最多的銀行,主要的業務有下列四大項。

(一)經營存款業務

　　商業銀行的首要業務是經營存款業務,也即吸收客戶的存款,以存款作為放款的資本。存款對象不拘,但存款方式可分活期與定期。活期存款可隨時提領,利息較低。定期存款則要到期滿才能支付利息。利率卻較活期存款為高。商業銀行經營的存款業務除本國貨幣外,也包括較通行的外幣。

(二)經營放款業務

　　商業銀行所經營的第二項重要業務是放款業務。放款的業務依貸款對象不同也有多種,包括:*1.*商業放款,也即將錢貸放給商業經營者,*2.*工業貸款,即將錢貸放給製造業者,*3.*農業放款,即將錢貸放

給農民，4.抵押放款，係將錢貸放給有房地產及建築業者，5.消費放款，即將錢貸放給消費家庭或消費者。幾種業務貸款為安全起見，多少都有抵押品，但也另有信用貸款者。意思是不收抵押品，只憑借款者的信用，而貸給款項。商業銀行貸放款的來源係來自客戶的存款或向中央銀行借款。

㈢發行股票或債券並經營投資

商業銀行的第三項重要業務是發行股票或債券並經營投資。發行的股票或債券通常都上市或上櫃，所經營的投資則有多種，常見包括租賃、倉儲。

㈣從事住宅抵押債券、一般證券或其他長期證券投資

商業銀行的貸款業務中也常見接受住宅、債券、證券當作抵押物品而貸放或融通資金，甚至也直接買賣證券或抵押品。

三、中央銀行的業務

中央銀行是國家的最高銀行，在聯邦制的國家如美國，稱為聯邦銀行。此種銀行的重要任務在控制國家的金融。細項業務可分下列數種說明。

㈠供給商業銀行存放款、融通資金及貼現

中央銀行可說是商業銀行的銀行。商業銀行可將客戶的存款及其營業收益存放在中央銀行，中央銀行也付給商業銀利息。商業銀行需要資金時也可向中央銀行借款，此外商業銀行可用其有價公債或匯票等向中央銀行貼現。

㈡為政府銷售債券

政府為推行公共改革，需要資金時常會發行公債或實物債券等，

此種債券發行及銷售工作常由中央銀行擔任。國民政府在 1940 至 1950
年代在臺灣實施土地改革時,即由中央銀行發行土地實物債券,作為
賠償地主地價之用。

㈢調節貨幣供給、經營控制發行及在公開市場上買賣債券

　　中央銀行的另一重要業務是由印製及收放貨幣做為調節貨幣的供
給量,以便穩定金融與物價。調節貨幣的種類包括本國貨幣及外國貨
幣。此外中央銀行也在公開市場上買賣債券、外匯,藉以控制國家金
融市場的穩定。

四、農業金庫、土地銀行、農民銀行、合作金庫、中小企銀等特殊銀行的業務

　　在臺灣於最近設立農業金庫,與過去的土地銀行、農民銀行、合
作金庫、中小企銀等同屬較特殊的行庫。農業金庫的使命是在融通農
業資金,提供農會信用部貸款,輔導農業經營與發展。過去政府設立
土地銀行、農民銀行、合庫金庫及中小企銀也都有特殊使命,土地銀
行的主要任務在融通土地資源轉移所需資金,農民銀行的任務則在協
助農民融資,合作金庫的任務則在提供各種合作組織與團體所需資
金,中小企銀則在籌資貸放給中小企業主,助其發展中小企業。後來
因為社會經濟情勢改變,原來這些特殊銀行因其特殊需要的任務降
低,或因其面臨銀行業界自由競爭,乃都紛紛改變或調整政策與業
務,逐漸喪失其原始的特殊任務與使命,漸與一般商業銀行性質少有
差異。因為土地銀行、農民銀行及合作金庫對農業金融的功能漸失,
致使於 2005 年再新設立農業金庫。

五、銀行的資產與負債

各種銀行的業務不同，資產與負債的結構也不同。就一般商業銀行的資產與負債的結構列舉並說明如下。

㈠一般商業銀行的資產

一般商業銀行的資產約有三要項。

1. 準備金

商業銀行的準備金約可分為現金與在中央銀行的存款。商業銀行需要現金時可將存放在中央銀行的存款取回。

2. 證　券

商業銀行所持有的證券包括政府發行的證券及非政府的民間機關團體所發行者，後者包括銀行機關及企業團體等。

3. 放　款

銀行貸放出去的款項都是其資產。這些放款包括工商農業放款、抵押放款、個人信用放款及其他的放款等。

㈡一般商業銀行的負債

商業銀行的負債也有多種，至少包括下列四項：*1.* 即期存款或活期存款，這是指民間存款在商業銀行的即期或活期存款，存款者隨時會向商業銀行領取。*2.* 定期存款，也即指客戶存款在商業銀行的定期存款。自一個月到長至五、六年的存款都有。定期存款到期滿時可能續存，也可能解約領現。*3.* 其他負債，商業銀行可能的其他負債如向中央銀行借款的利息，客戶存款在商業銀行存款的生息等。*4.* 自有資本。商業銀行的自有資本也是其負債。這種自有資本包括可當為購買土地、房產及附設的企業等用途，都是商業銀行的淨資產。在資產負

債表上列為負債之一項，使資產負債表能平衡。

六、銀行供給貨幣的創造效能

　　銀行經由業務而盡功能，而其最主要的功能無非是供給貨幣。銀行對貨幣的供給不僅是方便提供給需求者，且還能創造出貨幣。一般銀行經由客戶存款，再貸放給他人的過程，可創造出更多的貨幣供給。

　　銀行創造的貨幣供給也是其貨幣供給的淨增加，或說引申存款。此部存款相當於計算時的新貨幣總額減除最初的現金存款，也即原始存款。由是可知銀行對貨幣供給的創造率約相當於存款利率。

第四節　國際金融

　　當今國與國之間，貿易往來鼎盛，人民往來也很密切，在貿易買賣貨品以及人民跨國旅行或互訪的過程中，必須會有貨幣的往來與交換。因為各國使用的貨幣不同，故當貨幣交易或交換時，必須要持有公平合理的交易或交換標準，也必須要有方便的管道與途徑。這些是國際金融問題的由來。有關國際金融的的經濟學研究重點有四大事項，即國際收支、外匯匯率、國際收支平衡與調整、及國際金融組織等，就此四大國際金融議題的重要意義與內容分別述說如下。

一、國際收支

㈠意　義

　　所謂國際收支乃是指一國與外國之間所發生的收支關係。這些收支關係都係經過兩國之間貨幣交易或交換的往來過程而產生者。

㈡國際收支項目

國際收支的重要項目有下列兩項，即：

1.貿易收支

此種收支量由財貨輸出與輸入所引起的收支。一國對他國輸出財貨，便有現金收入。反之當一國從他國輸入財貨就要有現金支出。

2.非貿易收支

此方面的收支項目很多，常見者有下列這些。

⑴運　貨

國與國之間財貨的運輸，必要有運費的收支。

⑵保險費

國際間財貨及人民生命健康保險的事件也常發生。投保人向外國的保險公司投保，需向其交付保費，因而在帳目上有支出的項目。當意外發生時，外國的保險公司需要向本國的投保貨主或人民理賠，本國方面乃有收入項目。

⑶國際投資與利潤

一國的國民向他國的企業投資，也使國際間產生收支的結果。投資時支出資金，獲利時，則可得到利潤收入。

⑷股　利

國人購買外國公司發行的股券，可能會有股利所得，也因而會有股利收入與虧損支出。

⑸贈　與

國與國的人民之間也可能會有贈與事件的發生，於是也會有收入與支出的現象發生。

⑹賠　償

國與國之間，政府與人民都可能發生賠償事件，事件的發生原因

包括背信、意外、突發狀況，或契約規定等。

(7)援　助

國際間政府或人民可相互援助，若援助的目的物是金錢或可折算現金者，都可使國與國之間發生收支的關係。

二、外匯匯率

㈠意　義

簡言之，外匯是指國際貨幣間的價值關係。各國貨幣價值的高低不同，交換或交易時，必須要取得合理的關係標準。

㈡種　類

外匯匯率有兩種

1.浮動匯率

兩種貨幣間的價值關係隨時都會有變動，有時一日數變，此種貨幣的價值關係反應在匯率上是浮動的，故稱為浮動匯率。目前新臺幣與外幣之間是採浮動匯率。

2.定住匯率或固定匯率

一國的貨幣與他國貨幣的價值關係也可能採取固定不變者，此種關係的匯率稱為定住匯率或固定匯率。過去新臺幣與美元之間曾有很長一段期間採取一比四十的固定匯率。

㈢匯率的決定原理

外匯匯率均由本國貨幣與他國貨幣間的價值與供需量所決定。浮動匯率與固定匯率所代表的貨幣價值與供需性質有所不同。

1.浮動匯率的決定

一國貨幣與外幣間採用浮動匯率表示其價值相對較不穩定。不穩

定的原因，有因其經濟活動活潑，貨幣供需變動幅度大，也有因為國家政治經濟不安定，情況不佳，隨時可能發生鉅變。如果國家的政治經濟穩定，貨幣匯率變動的決定主要是由市場上對貨幣的正常供需發生變動所引起，一般變動的幅度在一定的範圍內，不致於太不正常。

2.定住匯率或固定匯率

此種匯率的決定是由各國政府藉由基金或美元宣告其貨幣的固定面額價值。所謂固定是指適用期間較長，但也不是永久不變，一般當某一方面的幣值顯然相對提升或下降時，原來的固定匯率也會調升或調降。不少幣值固定匯率的調整是由吃虧的一方提出要求。晚近中國人民幣的價值因有巨額的貿易順差而升值，導致其重要貿易國，如美國要求其調高匯率。也即是單位人民幣兌匯美元的數額要增多。

三、國際收支平衡與調整

(一)兩種收支平衡的意義

國際收支常以達成平衡為目標。而所謂的收支平衡含有會計意義上的平衡與經濟意義上的平衡兩種不同的涵義。會計意義上的平衡是永久性的，也即兩國間的收支在會計報表上永遠是平衡的，不平衡是不合理也不能成立的。但是在經濟意義上則常有變動，也即在會計報告上雖然雙方的收支都能平衡，但收支的項目結構是會改變的。收支結構不同表示其經濟意義不同。

(二)影響收支平衡的交易

國際收支關係主要是由兩國的商業貿易而引起，而收支平衡與否的有關交易則有兩種情況。

1.自發性交易

此種交易是自然發生的，交易雖會影響平衡，但並不是以平衡為

目的而作的。

2.補償性交易

此種交易是對於為使國際間收支平衡而作的交易。譬如為補救某國在貿易上的逆差,則由順差國特向逆差國購買某種財貨使逆差縮小或消失。

(三)平衡外匯收支的途徑

兩國間貨幣收支若不平衡,有若干途徑可使其平衡,這些途徑有二:

1.使外匯升值或貶值

當本國貨幣收入偏多時,使外幣升值,即縮減本國貨幣收入偏多的情況而達成收支的平衡。反之,當本國貨幣收入偏少時,則由降低外幣價值,也可減低本國貨幣收入偏少的問題。

2.價格或所得的調整

此種平衡途徑的價格調整是指調整國內產品的價格以增減輸出量。調升價格,減少輸出,可能減少輸出量,也可能減少收入。反之調降價格,必會增加輸出量,則可能增多收入。

至於所謂所得調整是指由升降國內所得水準來平衡外匯的收支。使國內所得提升,則可增多外匯收入,反之當國內所得下降,也相當於減少外匯收入。

(四)外匯管制

國際收支失衡會使國際間的經濟關係失序,也可能引發國際政治關係的緊張,故各國政府都以能達成國際收支平衡為努力目標。為能達到此一目標,政府在外匯上必須加以管制,也即國際貨幣的交易與往來必須經過政府的管理或控制。

四、國際金融組織

㈠目　的

國際間設有專為應對國際金融的變化及問題的金融組織，此種組織不僅處理一國的金融事務，目標也在處理國際性的金融事務，且不僅處理關係一國的外匯收支，且是關係處理多國的外匯收支。

㈡重要的組織

國際性的重要金融組織機關有兩個。一個是國際貨幣基金（International Monetary Fund 或 IMF），設於 1947 年。目前的會員國有 100 餘個。主要功能為各國諮詢金融問題，進而維持外匯匯率的穩定，並為會員國處理臨時性貸款。

另一重要國際性金融組織是國際復興開發銀行也稱世界銀行（World Bank）。此一機構設於 1945 年，其設立的主要目的是在協助各會員國復興戰時遭到破壞的生產事業，並提供從事長期性生產貸款，也為富裕國家及貧窮國家建立資金融通的管道。目前在世界銀行之下設有國際發展機構（International Development Agency）及國際金融合作機構（International Finance Corporation）兩個組織，前者是從事一般性貸款，後者則為世界各國的開發銀行提供資金。

💡 練習題

一、是非題

（　×　）1.當前我國的外匯率是採固定制。

（　×　）2.抵押放款是銀行的負債。

（ ╳ ）3.貨幣供應量多少與物價水準無關。

二、選擇題

（ C ）1.具有協助復興全球性在戰後建設責任的銀行，以哪個最重要？ (A)花旗銀行 (B)運通銀行 (C)世界銀行 (D)瑞士銀行。

（ C ）2.歷史上貨幣發展的順序最早的貨幣是 (A)金屬貨幣 (B)信用貨幣 (C)商品貨幣 (D)存款貨幣。

（ B ）3.貨幣的供應量與物價的關係如何？ (A)呈反比 (B)呈正比 (C)無關 (D)關係不定。

三、解釋名詞

1.匯票

2.本票

3.債券

4.準備金

5.浮動匯率

四、問答題

1.試論商業銀行的業務。

2.試論中央銀行的業務。

第十二章
物價與通貨膨脹

第一節　物價的意義與特性

一、意　義

物價是指一種物品的價格，相當於用為購買此物品所需花費的貨幣或其他物品的單位。一般都以高低或貴賤加以形容。

二、性　質

㈠兩種物價

物價有兩種概念或特性，即： 1.貨幣的物價，是指以貨幣表示的物價。 2.相對物價，是指以其他物品交換本物的價格。

㈡兩種物價以及相關性

兩種物價之間有密切的相關性，關係是負向的。當貨幣物價上升時，相對物價下降，而當貨幣物價下降時，相對物價上升。也即當需要以較多貨幣購買一定數量的本物時，表示本物的價格變貴，也即其貨幣物價上升。此時他物每一單位數能交換本物的單位數變少，或每單位本物能交換他物的單位數變多，也即他物對本物的相對物價變低。相反的當本物的貨幣物價下降，此時他物每一單位數能交換本物的單位數變多，或每單位本物能交換他物的單位數變少，也即他物對

本物的相對物價變高。由是可知某物的貨幣價格與相對價格，是朝反方向變動的。

㈢兩種物價的重要性

相對物價對影響買賣的決定比貨幣價格的影響重要。當某物以相對價格超高時，購買者可以取其他相對物價較低者為之替代。

注重相對物價的重要性並不表示物品貨幣物價不重要。貨幣物價對總體經濟而言是相當重要的。通貨膨脹並非指相對物價的上漲，而是指貨幣物價的非常上漲。通貨膨脹嚴重影響人民的生活水準，貨幣物價及其變動的重要性由此可見。

三、相對物價建立在物與物的替代效用基礎上

相對物價在物價體系中也相當重要，因為此一物價可反應物與物的交換價格，而物與物能夠交換，乃因彼此間有替代效用。故可說相對物價是建立在物與物的替代效用的基礎上。而所謂替代原則（principle of substitution）是指使用者可使用一物來替代他物以獲得滿足之意。物與物的替代並非同等良好或合適，一般用途或功能較接近或較相同的物與物之間，較適合相互替代。如咖啡替代可樂，電視替代電影，汽車替代火車，都因類別相近，功能或用途相同，其替代性乃較高。可替代的兩物之間，很自然的便會發展或建立相對價格。

第二節　物價體系的運作

一、物價體系的定義

所謂物價體系是指社會中所有市場上各種有關物價的系統。市場上的物品有千萬種，故其貨幣物價及相對物價也有千萬種。物價體系

的重要概念除了包含前節所述的貨幣物價及相對物價之分，以及物與物的替代效用會形成相對物價等靜態概念外，也包括本節在下面所要說明的看不見的手（invisible hand）的操作，平衡價格（equilibrium price）的運作，以及市場交易問題的解決等動態概念等。

二、看不見的手之操作

看不見的手（invisible hand）一詞係由亞當史密斯（Adam Smith）所創。意思在描述價格體系可在無意識的方向中有效解決經濟問題。市場上每個人經由使用資本來產生價值，個人並不樂意推動公共興趣，也不知其究竟能促進多少公共興趣。在其非刻意推動公共興趣情形下，反比刻意推動更能有效幫助社會解決經濟問題。看不見的手經由價值系統而運作。現代經濟生產出千萬種商品與服務，每一種商品與服務有其貨幣價格，故共有千萬種貨幣價格，這些千萬種貨幣價格也形成千萬種相對價格，提供給買賣者雙方物品的昂貴與低廉價格的訊息，經由買賣者了解有意義的價格，而選擇買賣。

三、平衡物價（equilibrium price）的決定

一種物品或服務的平衡價格是指人們準備要購買數量相等於要出售數量的價格。每個參與買賣的人都依其相對物價而決定買賣，也都由個人獨立決定。個人的買賣價格與數量會影響市場價格的升降，而市場上的平衡價格則是匯集了市場上所有個別買賣價格後調整而成。

四、市場上交易問題的解決

市場上價格體系解決買賣何物，由誰購買及賣給何人等交易的問題。在此交易運作的過程中，每個人無需看到所有運作過程的全貌，只需了解這交易物品或服務對本人的相對價格。市場上千萬人交易行

為的決定都經價格系統所協調。

第三節　物價膨脹的基本概念

一、物價膨脹的意義

物價膨脹的意義是指長期間經濟會出現物價持續上漲的現象。唯上漲的速度有快慢之別。快速的上漲即形成惡性的膨脹，市場上若各種商品的價格都全面快速上漲，即出現所謂通貨膨脹。

二、歷史上物價上漲的顯著案例

在歷史上物價出現上漲的案例不少。在中國的歷史上每逢社會動亂，如戰爭疾病等，或遭遇長期的天災如乾旱或水災等，因為農作物歉收及引發物資缺乏，乃形成長期的物價水準持續上漲。在西方國家的歷史上在十五世紀末發現美洲新大陸以後，歐美之間有商業往來，美洲的金銀流入歐洲，歐洲的貨幣增加，也引起歐洲各國物價長期上漲。二十世紀的七〇年代，世界石油因減產而造成危機，油價上漲，也引發其他物價大幅上漲。

三、物價上漲的理論或學說

有關物價上漲的原因與現象，被經濟學者創造出幾項重要的理論。這些重要的理論是：㈠貨幣數量說；㈡需求過多說；㈢成本推動說；㈣輸入型物價膨脹理論；㈤理性預期的自然率理論；㈥需求移轉的物價膨脹理論。前三種學說或理論係有關物價上漲原因的理論，後三種理論是有關物價上漲現象的理論。就此六種理論或學說的重要內容扼要說明如下：

(一)貨幣數量說

1. 基本論點

此種理論的基本論點是認為物價水準所以會膨脹，是由貨幣供給量增加或需求量增加所促成。此種理論或學說也可說成貨幣需求的拉動理論或學說。

2. 兩種型態

貨幣數量說可分成兩種不同的型態，即：(1)現金餘額方程式，及(2)交易方程式。就此兩種型態的意義說明如下。

(1)現金餘額方程式的貨幣數量說

此種型態是認為市場上的交易必須持有現金。而市場上貨幣供給的均衡條件是

$$M = KPO$$

式中

M＝貨幣供給量。P＝物價水準。O＝總生產量。

K＝社會大眾的長期習慣。

此一條件方程式的意思是說市場上的貨幣供給量與物價水準、總生產量及社會大眾的長期習慣呈正相關，且貨幣數量為後三者的乘積。由此可知當貨幣數量增加時，物價水準一起上漲。因貨幣多，對物品的需求多，乃引起物價上漲。式中的 M 或貨幣數量可由政府決定，故政府可由控制貨幣數量來調整物價。一般政府都為維持物價水準的穩定，故不會輕易調整貨幣的供給量。但因特殊原因或為特殊目的，政府則可能調節貨幣的數量，因而可能引起物價的變動。當黃金流入，政府可能需要發行貨幣，使其平衡，也可能為了增加財政支出，而必須增加貨幣。貨幣增加與物價上漲的關係方程式是

$$M + \Delta M = K(P + \Delta P)$$

式中 ΔM 為增加的貨幣，ΔP 為上漲的物價。在戰爭期間，政府也常以增加貨幣，形成財政赤字，來制約經濟的繁榮。

(2)交易方程式的貨幣數量說

此種型態是從交易的觀點來說明貨幣數量與物價水準的關係。關係的方程式是

$$MV = PT$$

式中

$M =$ 貨幣數量。$V =$ 一定期間一單位貨幣轉手的次數。

$P =$ 物價水準。$T =$ 交易總量。

此一交易方程式表示一定的貨幣數量透過市場上的交易行為而決定了物價水準。假如貨幣數量增加，或交易次數增加，而在短期間內交易總量 T 不變，則物價水準 P 必會上漲。如因貨幣數量增多而引起物價上漲，則其關係方程式是

$$(M + \Delta M)V = (P + \Delta P)T$$

式中 ΔM 及 ΔP 分別代表貨幣的增加量及物價上漲的幅度。

式中如果當貨幣所花的數量不變，但因存款量增加而使流通速度增快，則物價也會上漲。其關係的方程式是

$$M + M'V' = (P + \Delta P)T$$

式中 $M'V'$ 的存款貨幣及其增加的流通速度。ΔP 則為上漲的物價。

(二)需求過多說

此一理論的意義是指社會對物品的需求超過在充分就業時的供給能量，於是過多的需求會促成物價水準的上漲。因此社會上在短期內

無法使總產量增加，乃會供不應求，致使物價上漲。

此種理論是由凱因斯所提出，也稱為需求拉動說（demand pull theory）。

㈢成本推動說（cost push theory）

1.意　義

此種理論的意義是指物價會因成本的增加而上漲。

2.兩種可能上漲的成本

至於可能影響物價上漲的主要成本增加有兩項，一為工資的增加，二為利潤的提高，所增加的利潤成為轉嫁到物價上的成本。現代工資的上漲常透過工會與雇主的議價而決定。當工資上漲時，雇主不願降低利潤，乃由提高售價轉由消費者負擔，形成物價上漲。有時雇主也常因為原料價格的上漲、水電消費等價格的上漲，或因其他物價的上漲，而增加貨品的價格，做為彌補成本，或提升利潤，彌補增加支出的損失，扭轉收支的平衡。

3.工資與物價的關係

工資與物價的關係已在上面有所說明，再依此種關係介紹澳洲著名經濟學者菲律浦（Phillip）對兩者正相關所提出的菲律浦曲線（Phillip's Curve）。此一曲線是根據工資上漲率與物價上漲率之間呈正相關的基礎，進一步推論出物價的上漲率與失業率之間呈負相關。即失業率越低，物價上漲率越高。失業率越高，則物價上漲率越低。有關失業率與物價上漲率呈負相關是由菲律浦研究分析自十九世紀至二十世紀的五○年代英國的統計資料所獲得的結果。若將失業率與物價上漲率的負向關係繪成曲線圖，則如圖 12-1 所示。圖 12-1 的橫座標表示失業率，縱座標表示物價上漲率。*PP* 線表示菲律浦曲線。此曲線由左上方往右下方傾斜，與橫座標相交於 *A* 點，而後繼續往右下傾斜。

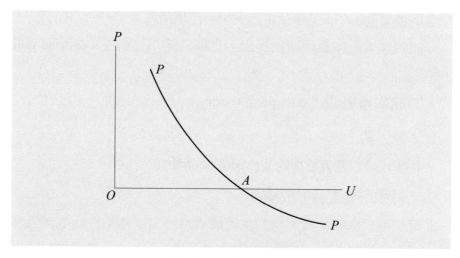

圖 12-1　菲律浦曲線

　　菲律浦曲線的意義除表示失業率與物價率呈負相關外，*OA* 表示當失業率為 *OA* 時，物價上漲率等於 0，也即物價穩定不變。但當失業率大於 *OA* 時，物價水準隨失業率之增加而下降。

　　為何失業率會與工資上漲率及物價上漲率呈負相關，其原因是當失業率水準高時，勞動力供過於求，對工資的需求降低，雇主也可不必藉提高物價來獲得利潤。反之，當失業率降低時，勞力方面容易提出增加工資的要求，雇主或資方也為維護利潤而提升物價。

　　然而工會對於工資率上漲會導致物價水準上漲的理論並不認同。認為物價會上漲是企業家要求的利潤率太高。此種論點在獨佔企業中甚有可能，但在競爭性企業則較不可能。

㈣輸入型物價上漲說

1. 意　義

　　此種影響物價上漲因素的理論係指輸入自然資源及工業原料的國家，因輸入品價格上漲，致使國內關聯產品的價格也上漲。

2.實 例

附合此種理論的實例以 1973 年世界產油國家聯合控制世界油價以及 1979 年時的兩伊戰爭，都致使石油價格大漲。影響石油輸入國生產成本大幅提高，物價也不斷持續上漲。形成世界性的經濟停滯現象，我國也未能例外。至 1985 年以後世界石油供應量增加，油價大幅滑落，石油輸入國物價膨脹現象宣告停止。及至 2004 年美國攻打伊拉克，油田被破壞，世界產油量又減少，石油輸入國又再度面臨油價上漲，也引起物價上漲。

(五)理性預期的自然率理論

1.理論的背景

此一理論的產生係由 1972 年世界危機後出現物價水準大幅上漲與失業率亦居高不下的矛盾而提出。此種現象與菲律浦曲線所說物價上漲率與失業率呈反比的理論不符，於是產生此一理性預期學說（rational expectation hypothesis）及自然率（natural rate）的理論。用此一理論來解釋上述的矛盾現象。

2.理論的意涵

所謂理性預期是說經濟體都具有理性，會利用可能獲得的情報與資訊來預期未來的經濟現象，包括物價。實際的經濟現象也都能和預期現象相一致。

而所謂自然率的意涵是指在短期內失業率與物價上漲之間雖有替代關係，也即如菲律浦曲線所指由左上向右下延伸彎曲，但長期間菲律浦曲線則是一條垂直於橫座標的直線。也即失業率與物價上漲率之間無替代關係。短期菲律浦曲線所預期物價上漲率為零。此時失業率即為自然失業率。

為了消除物價上漲，政府若採增加貨幣供給，則因人民預期物價

仍將上漲,以致無法有效抑制。故唯有採取貨幣緊縮政策,減少貨幣供給量,使實際物價上漲率低於預期上漲率,之後預期上漲率達於零,物價水準才會穩定。此之為理性預期,可說是貨幣數量學說的另一種發展型態。

㈥需求移轉的物價膨脹理論

此一理論的基本想法是,需求是決定物價上漲的原因。當總需求超過總供給時,物價會膨脹。又當需求移轉(demand sifting)時,會引起生產技術及產業結構改變,也會引起某些生產因素的價格改變,終會影響物價改變。一般重要的生產要素價格改變是工資率上漲,於是影響物價上漲。然而當需求移轉或改變,對舊產品的需求減少,但價格卻很僵固,終致舊物品會被淘汰,卻無助於物價的下跌。

㈦綜合分析

綜合上述六種物價膨脹的理論及參考實際資料,則發現在不同時期不同國家物價膨脹現象相當複雜,不能用單一的理論解釋。但長期的趨勢則物價都往上攀升,造成的原因則很多。故政府要應用政策消除或緩和物價膨脹時,則要能謹慎為之。

第四節　通貨膨脹的意義、成本與打擊的方法

一、通貨膨脹的意義

通貨膨脹(inflation)是消費者很關心的課題,其意義是指在經濟體系內一般物價水準呈現持續上升。如果上升的速度快,幅度大,則呈惡性的通貨膨脹,與通貨膨脹呈相反方向的物價變動,稱為通貨緊

縮（deflation）。

　　通貨膨脹可分預期的通貨膨脹（expected inflation）及非預期通貨膨脹（unexpected inflation）兩種，前者是指大眾可依據能獲得的資訊而預估通貨膨脹的幅度。後者是指眾人即使有充分的資訊但仍無法預估通貨膨脹的幅度或比率，因干擾因素很多，人們的預期也不準確。總之，實際通貨膨脹率相當於預期通貨膨脹率加上非預期通貨膨脹率。

二、通貨膨脹的成本

　　通貨膨脹的成本可分成三項說明：

㈠一般成本

　　此種成本包括幾種，第一，眾人因減少持有現鈔，將錢存銀行或持有公債，致使要消費者需到銀行提款或出售公債，於是所需要花費的時間，精力等成本增加，此稱為走路成本增多。

　　第二種一般成本是因對不同物品價格的預期上漲幅度不同，故常要更換或調整訂購貨品或消費，也因此需要多增加成本。

　　第三種是，因為通貨成本的影響，也可能因增加某些稅負，如營業稅等，支付的稅賦增加，成本也增加。

㈡非預期通貨膨脹的成本

　　因為非預期的通貨膨脹可能造成的重要社會成本也有三種：

1. 所得重分配而扭曲市場上的成本

　　所謂所得重分配的成本是指買賣雙方同時對物價的漲幅不可預期，故可能造成意外的虧損或利益，致成所得重分配。有時重分配的結果會很不公平，也失正義，乃成為一種社會成本。

2.風險成本

不可預期的通貨膨脹可能使人在交易上遭受不可預測的風險。例如，提早售貨而減少獲利。或因未先訂貨，以致用款不足，或以原有資金無法購買足夠的貨品。此外，也可能因預售的價格不夠成本而遭受風險。

3.扭曲市場

未預期的通貨膨脹可能導致市場上某物品因成本升高而無法生產，也可能導致劣質物品因有較高可抵擋通貨膨脹壓力而生產或出貨。我們曾經看過當米酒價格大幅上漲時，許多以工業酒精釀製的假米酒乃充斥在市場上。

(三)惡性通貨膨脹的成本

所謂惡性通貨膨脹是指物價上漲的幅度大、速度快，且不可預測性高。此種通貨膨脹造成的成本不僅是經濟性的，也包括社會性的。重要的成本或惡果有如下三項：

1.使人惶恐、終日不安、生產下降

惶恐與不安因擔心生活會日漸困難。生產下降的主要原因是因擔心生產成本提高，以致難以購買，因而無法生產。也有因為擔心未來物價變動不可預期，盈虧難料而不願生產。

2.影響政府的財政體質

惡性通貨的結果，不僅百姓受害，對政府也有不良後果。政府為因應通貨膨脹而可能迫不得已要採取不良的財政措施為之應對，或為要付出超額的貨幣而損及財政收支。這些對策或措施都將損及財政體質。

3.破壞市場效率

惡性通貨膨脹導致生產下降，投機行為增加，政府對策混亂或不當，這些後果都終將破壞市場的效率，致使市場難以維持正常的功能。

三、打擊通貨膨脹的方法

有效打擊通貨膨脹的方法有兩種：

㈠所得政策之管制

通貨膨脹的要因之一是貨幣流通量增加及消費提高等因素使然。而貨幣流通量的增加及消費量的提高都與所得提升有關，故有效的對策是實施管制政策，有效的管制方法之一是不使個人所得增加，或使其所得增加有限。減少所得或管制所得可緩和市場上貨幣流通量，也可節制個人的消費量，因而對通貨膨脹可產生管制的效用。

㈡緊縮政策

此種政策是指由政府直接宣佈減少貨幣供給量，緊縮銀根，包括銀行減少貸款數量。此外由增加稅率減少消費的措施也有助社會對物品需求量的減少，因而也可收抑制通貨膨脹的效果。

第五節　物價下跌

一、發生的原因

物價有上漲也必會有下跌，只是下跌情況較少發生，若有發生，為時也較短暫。造成物價下跌的主要原因有二：一是經濟不景氣，二是機械化造成的大量也過度的生產。就此兩種原因再說明如下：

(一)經濟不景氣或蕭條

經濟不景氣或蕭條指市場購買力微弱，產品銷路不佳，生產停滯，市場交易蕭條。形成經濟蕭條的原因很多，戰爭與天災，損傷生產機關與資源，也造成生產停滯，無法促進銷路。當就業機會減少，收入與所得缺乏，市場上乃減少對財貨的購買意願與能力，這些因素也都會造成經濟蕭條與不景氣。

(二)機械化的大量生產

工業化的後期，各種工業產品都經機械化自動生產。產品的供應過多，消化不完，乃造成滯銷。終究也會產生生產停滯，經濟不景氣與蕭條。

二、發生的後果

物價下跌有正面的影響，也有反面的影響。有些人受益，也有些人受害。先就正面影響的或受益的後果加以說明，再說明負面的影響或受害的後果。

(一)正面的影響或受益的後果

當物價下跌時，持有現金的大眾，無形中等於貨幣升值，因為用同額的貨幣可購買較多數量的貨品，故可享有更充足更豐富的生活。社會上會較和平與穩定，政府也可較少操心經濟問題與對策。

(二)負面的影響及受害的後果

當物價下跌時，社會上擁有財產的人，包括固定資產的擁有者，商品及原料的持有人，無形中其財產都縮了水，因而也會緊張與不安。由於物價下跌，大眾對物價的預期水準調低，可能降低生產及購貨存貨的意願，形成對經濟觀望，以致使經濟不景氣與蕭條持續不下。

三、應對的對策

當物價下跌，也即經濟不景氣或蕭條時，政府常會使出政策，促進經濟的景氣與繁榮。重要的政策包括運用公有資金進入證券市場，購買證券，刺激證券價格上升，帶動一般物價回升。此外也可能向中央銀行採行降低貨幣貼現率，或降低貨幣的法定準備率，藉以增加貨幣的供給量及流通量，使物價上升。由於貨幣供給的增加，先可滿足市面上對預防及投機動機的流動性需要，進而可滿足交易需要，以利增加消費及投資支出。

此外一般銀行也可由增加超額準備金以便從事貸款及購買證券，由是可使貸款條件減輕，利率降低，刺激支出與消費，提升經濟活動。此種防止或對付蕭條或物價下跌的貨幣政策，也稱為低廉的貨幣政策（easy money policy）。

個別廠商為應對價格下降，提升價格，促進銷路，重要的策略包括廣告宣傳，提升服務，改善貨品的包裝及品質等。

第六節　物價的循環變動

一、意　義

經濟循環（business cycle）是指經濟景氣隨時間的變化而出現時好時壞的現象，是經濟變動（economic change）的一種現象。一般一個完整的經濟循環包括兩個階段，也即兩個轉折，即收縮（contraction）及擴張（expansion）。收縮階段可再細分為衰退（recession）期及蕭條（depression）期。而擴張也可再分為復甦（recovery）期及繁榮（prosperity）期兩個階段。經濟變動經過收縮與擴張的階段而成一

個輪迴或循環。

二、景氣循環的長期趨勢

在經濟景氣循環過程中長期趨勢如圖 12-2 所示。圖 12-2 中 *LT* 表示長期趨勢線。*AEBFCGD* 曲線為不同時間的實際 *GDP* 曲線。

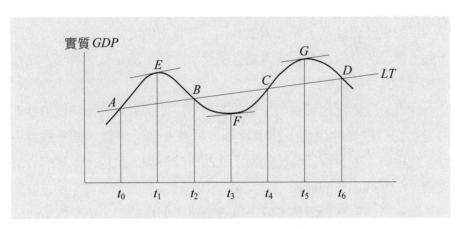

圖 12-2　景氣循環的長期趨勢線

圖中 t_0，t_1，t_2，t_3，t_4，t_5，t_6 表示不同的時間點。*E*、*G* 為實際 *GDP* 循環的兩個高峰點，其間完成一個景氣循環。*F* 為循環過程的谷底。實際 *GDP* 在 *AEB* 階段及 *CGD* 階段都大於長期趨勢值，但在 *BFC* 階段則小於長期趨勢值。

三、景氣循環理論

有關經濟景氣循環的理論有三種，將其名稱及要點說明如下：

㈠凱因斯學說的理論

此一理論的重點在於認為引起經濟波動的主要原因是來自人們對於未來銷售與獲利認識的改變。預期樂觀時增加投資，景氣繁榮。預

期悲觀時,減少投資,景氣蕭條。而人們對於未來銷售與獲利預期則容易受利率改變、技術進步、全世界經濟及政治事件與傳聞的影響而改變。

㈡重貨幣主義者的理論

此種理論是認為貨幣量是造成經濟波動的主要變數。當貨幣供給量增加,利率下降,投資及耐久財消費支出增加。另一方面匯率上升,本國幣值遭貶,出口增加。此兩方面的效果都將提高總合支出,也帶動經濟擴張。反之當貨幣的供給量增加緩慢時,利率上升,將減少投資及降低總合支出水準,造成經濟的收縮。由是可知貨幣量增長率的變動是導致景氣循環理論的關鍵變數。

㈢理性預期理論

所謂理性預期是指會利用各種可供使用訊息所進行的一種預測。當非預期到的變動因素或存在意外變動因素出現時,便能夠引起經濟波動。這些非預期的變動因素如貨幣增長率或總合支出水準出現未如預期的變動等。

㈣實質景氣循環論

此一理論是認為生產力的不規則變動是經濟波動的主要原因。不規則的生產力可能出自快慢不等的技術進步,或戰爭及石油禁運等國際干預所造成。

練習題

一、是非題

(×) 1.經濟不景氣會使物價上漲。

（×）2.當貨幣物價上升時，相對物價也會上升。

（×）3.貨幣的供給量只與鈔票的數量有關，與鈔票轉手次數
或流通速度無關。

二、選擇題

（ D ）1.歷史上那種現象不會導致物價上漲？ (A)社會動亂
(B)戰爭瘟疫 (C)天災 (D)貨幣數量變少。

（ C ）2.貨幣交易方程式 $MV = PT$。式中的 P 是指 (A)貨幣數
量 (B)一定期間內一單位貨幣轉手的次數 (C)物價水
準 (D)交易總量。

（ A ）3.工資與物價的關係呈 (A)正相關 (B)反相關 (C)無
相關 (D)不定的關係。

三、解釋名詞

1.看不見的手

2.物價上漲的需求過多說

3.菲律浦曲線

4.通貨膨脹

四、問答題

1.試論打擊通貨膨脹的方法。

2.試論物價下跌的原因及後果。

第十三章
勞動市場的就業與失業

第一節　各種相關定義及重要性質

　　有關勞動市場的就業與失業有多個重要的相關定義與概念，先對之加以說明，會有助對中心議題的認識與了解。

一、定　義

㈠勞動力（labor forces）

　　勞動力是指人類直接參與生產活動或服務所投入的體力、心力與勞務。

㈡就業者（employed）

　　指擁有一份有酬的工作者或在自己家中每週工作 15 小時以上的無酬工作者，後者也稱自僱者（self employees）。

㈢失業者（unemployed）

　　指 15 歲以上目前無工作的勞動力，但正在找工作者，且馬上可工作的人。

㈣勞動生產力（labors' productivities）

　　指勞動者的生產量，也稱為其生產力。一般以整個社會及國家或產業團體加以計算或討論。其意義是指某一期間由勞動投入量所生產

的總量。

(五)**勞動供給者**（labor supply）

指所有就業人口所參與的勞動量或工作時間及失業人口所願意提供的勞動量。

(六)**勞動需求量**（labor demand）

指全部廠商及其生產或服務單位所僱用勞動量的總和。也常用於計算全社會或全國家的勞動需求量。

(七)**工資**（wages）

指一定時間內勞動者所獲得的勞動報酬，相當於工資率與勞動量的乘積。

(八)**工資率**（wage rates）

工資率的意義可從兩方面的角度看，對勞動者的意義是指其每提供一單位勞動或一定工作時間所獲得的報酬。對廠商或雇主而言是指僱用或購買一單位勞動所願支付的代價。

二、主要性質

有關勞動力的重要性質有下列五方面，需加以說明。

(一)**勞動供給的替代效果**

指勞動力因工資率上漲所引起對財貨購買量的變動。當工資率上漲時，勞動力的所得增加，故其可購買財貨的數量可能增加。但也可能因為工資率上漲，某財貨的生產成本上升，價格變貴，雖然勞動力的所得增加，但上漲率不如財貨生產成本與價格的上漲率，以致其可購買財貨的數量反而減少。

(二)所得效果

指勞動力因工資增加，實值所得增加，對財貨的購買量也增加。

(三)個別勞動力供給量的變動

個別勞動力的供給量隨工資率增加，先出現增加，後反而減少，故其供給曲線先凸出，後再向後彎曲或收回，圖形如圖 13-1 所示。

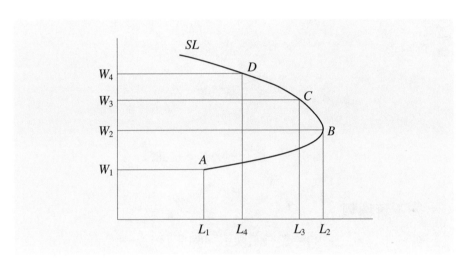

圖 13-1　個別勞動力的供給曲線

上圖中 W_1，W_2，W_3，W_4 代表四種不同的工資水準，其中 W_1 最低，W_4 最高，W_2，W_3 居中。L_1，L_2，L_3，L_4 代表四種不同的個別勞動供給量。當工資率為 W_1 時，供給量也最少。之後當工資率上升至 W_2 時，勞動供給量增多至 L_2，而後工資率再上升至 W_3 及 W_4 時，勞動供給量減少至 L_3 及 L_4。圖中 $ABCD$ 分別是工資率與勞動供給曲線的相交點。SL 即為個別勞動力的供給線。

㈣勞動需求曲線

個別廠商的勞動需求量隨工資的減低而增加對勞動人口的僱用量，情形如圖 13-2 所示

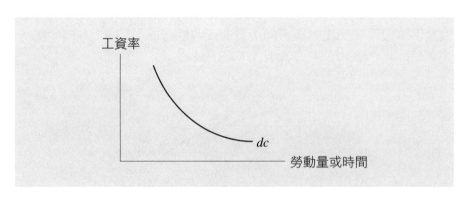

工資率

dc

勞動量或時間

圖 13-2　廠商的勞動需求曲線

㈤工資種類

勞動市場上工資的種類有兩種不同的情形，一種是計時工資，另一種是計件工資。計時的工資有按年、按月、按週、按日、按小時計算的不同情形。按上列不同時間所得的工資分別稱為年薪、月薪、週薪、每日工資及每小時工資。一般越是固定性，工資水準越高者，計薪的時間都較長，反之越是臨時性，工資水準越低者，計薪的時間都越短。

計件的工資有時也稱包工制。以工作量計薪，其好處是雇主不必去關照雇工的工作效率，壞處是員工的品質可能不整齊，或未能合乎標準。

第二節　就業者工資的決定及性質

一、工資的決定

工資的決定分成勞動者對工資的決定及全社會全國家對工資的決定兩個不同的層面。勞動者對個人獲得工資的決定取決於勞動的邊際收入產量。也即將勞動投入工作最後一單位的收入等於其投入其他用途如休閒的所得或用途價值相同。至於全社會或國家對於工資水準的決定是由全部的勞動供需所決定。供給量多則價跌，需求量多則價升。

不論是勞動者個人工資的決定或全社會國家工資的決定都基於兩個重要前提，其一是假設勞動的品質相等，無好壞的差別，其二是工資的決定是短期間的現象。否則在長期間內，勞動供給量會變動，工資率也會變動，工資的決定就有了變化。

二、工資率的性質

工資率具有同地區同職業的工資率相等的性質，雖然工資率在同地區或同職業間假設無差異，但實際上少量的差異會在所難免。

三、影響工資差異的因素

影響工資差異的重要因素可分為貨幣因素及非貨幣因素兩大類。

㈠貨幣因素

主要是指幣值，例如因為美金比新臺幣的價值高出很多，故每人每日或每月的工資若以美金計算必然較少。反之，因為新臺幣較美金不值錢，故以新臺幣換算工資，數量都會較多。

㈡非貨幣因素

此方面的因素數量很多,重要者有下列這些:

1.社會地位

社會地位高者其勞動的邊際收入產量較高,其工作的品質可能較好,故應得的工資可能較高。

2.勞動安全性

勞動安全性的高低也為工資的一項重要因素,勞動或工作種類安全性低或危險性高者,工資水準可能較高。反之,勞動或工作的安全性高或危險性低者,工資水準可能較低。然而,反過來看,也有工資高的工作,危險性並不高,故安全性並不低者。而工資低的勞動工作其危險性也有不低者,其安全性並不高。故此一因素與工資的關係並不是絕對正相關或反相關的。

3.職業評價

所謂職業評價是指由社會大眾對各種職業的評價,評價的指標也包括職業的報酬與所得考慮在內。一般評價高的職業,其待遇或工資都較高。

4.升遷機會

職業的升遷機會也會影響其工資或待遇的水準。一般升遷機會大的職業,在低位時,工資並不很高,但一旦職位升高後,其工資水準卻隨之明顯提升。

5.勞動年限

此一因素也常簡稱為年資。年資的因素必然與工資水準有關。在同一機構中,年資高者工資也高,反之年資低者,工資通常也會較少。

6.社會的配合資本量

不同的工作或職業，社會的配合資本量不同，有的配合資本量較大，有的則較少。以往清華大學教授的薪水除了一般標準外，還包含庚子賠款所撥給的津貼，此部分可說是社會資本的一種。一般此一因素對工資都有正向的影響，也即配合資本量大，工資會較高。

7.相對的自然資源

相對的自然資源是指工作者可獲得的配合性糧食、土地等自然資源。相對的自然資源可當為工資的一部分，此種資源多，表示其工資所得也多。但有些國家的福利政策中常將糧票補助低收入戶，領得較多糧票者，通常也都是收入偏低的勞動工人或無工作者。

8.技術水準

勞動者的技術水準，常是影響工資的一項重要因素。技術水準高者，其工作品質都較佳，故能從雇主或公司老闆領得較高的工資。

9.勞動者的條件，如健康、能力及教育程度等

一般勞動者的人身條件較佳者，例如健康較佳、能力較強、教育程度較高者，工作時必會較有效率，工作品質也較佳，故可獲得的工資，通常都會較高。

㈢工資決定的理論或學說

有關工資決定的理論或學說共有三大項。

1.生存學說

此一學說由馬爾薩斯所創，其要義是指在長期間內一般人能接受的工資水準在「生存水準」之下。即是為了生存，即使工資水準偏低也可接受。

2.工作數量定額學說

此一學說是指在短期間每人可參加的工作數量不變。當參加工作的人越多，工資即下降。

3.議價學說

此一學說是指工資的高低是由雇主與被僱用者議價而定。

第三節　勞動參與率（labor participation rates）

一、定　義

指一個社會或國家全部參與勞動者佔工作年齡人口（15～64 歲人口）的百分率。不同國家或社會的勞動參與率不同，同一國家或社會在不同時期，勞動參與率也會不同。影響因素很多，經濟景氣、就業機會、人口年齡結構、性別結構、教育程度的結構、職業結構等都會影響勞動參與率的高低。

二、差異性質

勞動參與率會因人口因素及經濟因素的差異性而有差異。就此兩方面的重要差異性質加以說明如下。

㈠人口因素

1.年齡差異

年齡不同勞動參與率會有顯著不同，一般隨著年齡的差異勞動參與率會呈現／＼圖形。此一圖形表示年齡在很低及很高時，勞動參與

率都相對較低，壯年時期則參與率較高。年齡較低時，常因為身體發育不全或因為就學讀書，以致勞動參與率相對較低。年老時則因為退休，或身體衰老疾病，以致無法工作，其勞動參與率也會下降。但在壯年時期，身體條件較佳，也必須養家糊口，以致必須工作，勞動參與率乃都達最高點。

2.性別差異

男女之間勞動參與率也有明顯的差異，一般是男高女低。女性的勞動參與率較低是因為生育及養育兒女，也因為主內在家不外出工作的社會角色所使然。

3.教育程度的差異

不同教育程度的人，勞動參與率也有差異性。一般的差異是受較高教育程度者勞動參與率都較高。但也有不同的情形，有時候，社會上高受教育者失業率偏高，其勞動參與率反而較低。

㈡經濟因素

影響勞動參與率的兩個重要經濟因素是，經濟景氣及就業機會。經濟景氣佳時，百業待興，到處事找人，勞動參與率會升高。反之，不景氣時，失業率高，勞動參與率乃會下降。

就業機會的好壞與經濟景氣好壞息息相關。當經濟景氣時，就業機會佳，勞動參與率必高。反之，經濟不景氣時，就業機會下降，勞動參與率乃也下降。

三、影　響

勞動參與率的高低，對個人、家庭、社會、國家都有影響。將之說明如下：

㈠對個人及家庭收入的影響

有勞動有工作，才有收入，故個人勞動參與率的高低與其個人及家庭的收入有密切的關係。常見勞動參與率低者收入都偏低，失業者是勞動參與率偏低的一群，也是收入偏低的一群。

㈡對國家及社會生產力的影響

社會與國家的勞動參與率也反應其生產力。故社會與國家的勞動參與率會影響其生產力。參與率高者一般的生產力也高，反之，參與率低者，其生產力也低。

第四節　失業（unemployment）

一、失業及失業率的定義及失業的原因

㈠失　業

「失業」一詞照我國勞動力調查中心的定義是指，一個滿15歲的人，現在沒有工作，可以馬上工作，但正在找工作。按此定義，很強調失業者在找工作，如果此人雖可馬上工作，但並不積極找工作，並不算失業。

㈡失業率

失業率（unemployment rate）是指失業人數佔勞動力的比率。以英文 UR 代表失業率，則 $UR = \dfrac{失業人數}{勞動力} \times 100\% = (1 - \dfrac{就業人數}{勞動力}) \times 100\%$。在 2001 年時臺灣的失業率為 4.6%，是自 1952 年以來最高的一年。

(三)失業的原因

失業的原因從總體到個體有很多種。下面所列都是：

1.制度性的原因

如資本主義或共產主義都可能造成失業，這種原因是制度性的。資本主義可能導致資本家壓榨勞工，勞工罷工以致失業。共產主義則可能未有效利用資源，致使經濟蕭條，而導致失業。

2.政府的經濟政策

政府讓國內資金外流，致使國內工廠關門倒閉，以致失業率上升，也有因為政策未能有效發展產業，而使失業率增高的情形。

3.經濟結構

工業化程度表示一種經濟結構，工業化程度不同也反應經濟結構不同。工業化程度高的國家失業率反而較高，因為工人容易因工業主倒閉裁員而失業。工業化程度低的農業經濟國家，勞動力相對較多務農，每天都可下田工作，故失業率反而較低。但下田的工作收益偏低，雖有工作也等於是無報酬，故所謂隱藏失業率則偏高。

4.快速的人口成長

快速的人口成長也致使就業人口增加，當就業機會不能呈等速度增加時，即會增加失業。

5.社會的資金、技術及資源

當社會的資金短缺，技術及資源都缺乏時，無法使產業變得活潑，就業機會無法增加，甚至可能減少，導致失業率上升。

6.勞動力的職業移動

當勞動力想改變職業時，可能無法很順利轉換成功，以致會造成短時間的失業。

7.個人的職業偏好

個人的職業偏好越嚴苛、越講究，對職業的不適應程度就越高，以致會因不能適應而造成失業。

8.對工作的態度與行為

勞動者對工作所持的態度挑剔，工作的行為越刁鑽，被辭職的可能性便越大，失業的機會也越大。

二、失業的種類

失業依性質的不同，而有多樣的種類，重要的種類有下列幾樣。

㈠摩擦性失業（frictional unemployment）

此種失業是指可找到新職業，但一時尚未找到，故也是短時性的失業。

㈡結構性的失業（structural unemployment）

此種失業是指因產業結構的轉變或區域發展的消長，導致求職與求才不能配合的失業。

㈢循環性失業（circular unemployment）。

此種失業是指因經濟景氣衰退而引起的失業。

㈣季節性失業（seasonal unemployment）

因季節不同而引起的失業。各種行業都有淡季，在淡季來臨時找不到工作而失業。

三、失業的成本

失業的重要成本有兩種，一為經濟成本，另一為社會成本。

(一)經濟成本

經濟成本又可分為兩種不同的層次，一種是失業者及其家庭的收入減少，生活水準降低的成本。另一種是整個社會產出減少的成本。

(二)社會成本

此種成本包括個人感覺沮喪、心裏不滿、失去尊嚴、引起犯罪、勞資雙方的糾紛與衝突，以及整個社會引起混亂與不安等。

四、失業率、工資上漲率及物價膨漲率的關係

(一)關　係

失業率與工資上漲率呈負相關，也與物價膨漲率呈負相關。因為失業率越高，勞動者等待的就業工作者眾多，工資可能被壓低而不會上漲。又當勞動者的工資變低時，物價也不可能上漲，否則消費大眾的勞動者購買不起。此種失業率與工資上漲率及物價膨漲率呈負相關的現象如繪成曲線圖，則如本書第十二章圖 12-1 所示，此一曲線稱為菲律浦曲線。

(二)應　用

上述的關係可應用在經濟問題的處理上，或經濟改革的策略上。一方面可用改變失業率來影響物價的變動。如要降低物價，則可提升失業率。另方面則由改變物價來影響失業率，如要降低失業率則需要提升物價。由提升失業來降低物價的機能是由提升失業率使之產生降低收入水準的作用，進而減低購買力逼使物價下降。至於由提升物價來降低失業率的機能是，藉由物價上漲，使勞動大眾的生活困難，更認真尋找工作，也更低聲下氣接受較低工資的工作，而促使失業率下降。作此種策略運用的前提必須是高失業率的形成係因勞工之懶惰或

挑剔工作而形成，並非因為就業的供給量減少所致成。否則如果高失業率是因為大社會可提供的就業機會減少，則提升物價水準將更迫使勞動者難以生活，會形成非常殘酷與悲哀的局面。

五、解決高失業率的策略

社會上出現高失業率會使社會動盪不安，犯罪者增加，偷搶案件層出不窮，故必為社會大眾及政府所關切與憂心，必須設法使之降低，解決問題。足以解決高失業率的重要策略有下列諸項。

㈠增加政府投資，創造就業機會

為抑制高失業率，政府直接可出手的策略是，增加投資，進行公共建設來創造就業機會。故在高失業率時，不少國家都會採行此種策略來對付與解決問題。政府常投資的公共建設，如建造公路、鐵路、港口或機場等大型的交通運輸設施，或如電廠、工廠等生產性的建設等。

㈡辦理就業機能訓練，增進失業者就業能力與機會

此種策略也可由政府辦理，或由於社會福利或工作機關辦理，目的是增加勞動者的工作能力，擴大其工作適應的範圍，來提升個人的就業機會，解決失業問題。政府勞工部或勞委會中的職業訓練局，是專為勞工辦理就業機能訓練而設置。

㈢減低稅賦，鼓勵消費，增加支出，促進就業

此種策略的運用係基於失業率與貨品滯銷有關的原理。由於貨品滯銷，導致生產停頓或減緩，因而使失業率升高。解決之道是，設法使社會上的貨品能暢銷，而暢銷之道是提升消費量，有用的措施是減低稅賦，變相增加國民收入，來鼓勵消費。

㈣降低利率，增加貨幣提供，促進交易、消費與投資

增加貨幣供給有利交易的進行，而交易增加也有助消費的增加與投資增加的必要性。為能增加貨幣的供給，則可由降低利率的策略來達成。當利率降低，民間的貨幣減少存放銀行，又可能從銀行借錢消費，也可增加貨幣的流通量，相當於增加貨幣的供給。

㈤調整外匯、增加輸出，減少輸入

調低本國貨幣兌換外匯的價值，不利向外購買財貨，卻有利將國內貨品輸出，故可增加輸出，促進國內生產，因而可以增加工作機會而提升就業率。調低本國貨幣價值相當本國貨幣貶值，外匯升值。因為貨幣貶值可促進貨品輸出，促進經濟繁榮，提升就業率，故不少政府常要抵制外國逼迫提升貨幣價值的壓力。也即寧可使本國幣值停止在較低地水準，而不願升值。

第五節　不完全就業或低度就業

一、意義與種類

㈠意　義

所謂不完全就業是指雖然有就業，但就業條件是不充分或不完全的，如工時不足，或工資太低，以致工資也偏低。此種不完全就業也被稱為隱藏性失業（disguised unemployment）

㈡種　類

不完全就業有很明顯的兩種不同種類或內涵，一種是可見的（visible），如工時偏少。另一種是不可見的（invisible），如工資偏低。

二、範　例

　　社會上常見的不完全就業有兩種範例，一種是農民因土地面積偏少，以致有低度就業情形。另一種是工人因工作機會不足以致工時偏少及工資偏低的情形。常見農民因土地偏少，以致常無事可做，在家閒坐，或雖然天天下田，但所做的工作對增加生產與收入並無幫助。

　　又見工人因為工作機會不足，被老闆減少工時或稱停工（day off），當減少工時的情況，必然減少工資，也形同不完全就業。

三、影響與改進之道

㈠對個人及家庭的影響

　　不完全就業對就業者個人及其家庭會減低生產力，也減低收入，生活必也會變為更苦。

㈡對社會國家的影響

　　當社會國家不完全就業者眾，生產力必會被壓低，經濟的競爭力也不會高。

㈢改進之道

　　就個人方面言，可改進低度就業的途徑主要是增進工作技術及能力。對社會國家而言是，擴增就業機會，或改變就業結構，以提升就業工作者的工作條件，使能充分就業。

第六節　農業勞動力的低度就業及剩餘

一、低度就業的性質

　　多半的農業勞動力都是低度就業者，尤以小農為是。其低度就業

的情形是，不能天天工作，或每天工作的時間很短，也有許多工作都是窮忙一場，對增加生產及收益沒有幫助。

二、原因與後果

農民低度就業的原因主要是，土地面積偏少，報酬也偏低。因為土地偏少，故缺乏工作可做。雖然想要勤奮工作，僅能白忙一場。

低度就業的結果是生產力偏低，收入偏低，也只能過著低水準的經濟生活。

三、勞動力剩餘

農民的不完全就業表示其勞動力有剩餘，匯集全部過剩的農業勞動力，即成為半失業者。農業勞動力的剩餘除受土地面積偏少的因素所致成外，也受季節性的因素所影響。農業的工作受季節的影響甚大，在播種收穫的季節，農事特別忙碌，故較少有工時不足的問題，但收割之後播種之前，常會呈現農閒期，此期間農民無事可做，形成失業狀態。若想不失業只好找零工或散工做，計日獲酬，增加收入。如果找不到零工。只好賦閒在家。

一個國家剩餘的農業勞動力太多，是經濟發展上的損失。改進的策略，一方面是實施地土地改革，重新分配地權，使小農有較多的土地可種。或由增加農業投資，如改善水利及肥料供應，使農民在狹小的土地上可增加工作機會，增加生產與收入。此外，則可由發展工業，吸收剩餘勞力，轉業從事工業性的工作。

練習題

一、是非題

(×) 1.失業者是指所有沒有工作的人。

(×) 2.為解決高失業率,政府應調升外匯,增加收入,減少輸出。

(×) 3.菲律浦曲線是指失業率與貨幣供應量呈負相關。

二、選擇題

(A) 1.可找到工作,但尚未找到的失業類型是　(A)摩擦性失業　(B)結構性失業　(C)隱藏性失業　(D)季節性失業。

(C) 2.臺灣在 2002 年至 2005 年之間失業率約為　(A)1～2%　(B)2～3%　(C)3～5%　(D)6～10%。

(C) 3.為防止物價膨脹不可採哪種財政措施　(A)增加稅收　(B)減少財政支出　(C)增加發行貨幣　(D)緊縮銀根。

三、解釋名詞

1.失業者

2.勞動參與率

3.摩擦性失業

4.隱藏性失業

5.勞動力

四、問答題

1.試論解決失業問題的策略。

2.試論影響工資差異的因素。

第十四章

國際貿易、國家保護與
關稅政策

第一節　國際貿易的意義、特性與基礎

一、意　義

　　所謂國際貿易是指在不同國家之間進行資源、財貨及勞務的買賣或交易之稱。當代的世界各國之間，對外國資源、財貨及勞務的需求殷切，藏有豐富資源、財貨及勞務的國家也極需將之變賣，以換得其需要的資源及財貨等。加以資訊、交通運輸發達，國際貿易乃也相當發達。

二、特　性

國際貿易具有下列數項重要特性：

(一)國際貿易經過兩國的海關進出口

　　資源、財貨及勞務的交易都經由本國的海關批准管制後出口，也經輸入國海關的查驗管制後入口。國家的關口共有陸海空三種，都由專門機關及人員負責檢驗及管制。目的在避免非法及危險的進出口。

㈡國際貿易的過程

國際貿易的過程多元複雜,共有通訊、蒐集資料或金融來往,如開信用狀、下定單、報關、檢驗、運輸、取貨等。在運輸的過程中視物品的性質而需要作不同方式的裝卸。

㈢涉及兩國之間的貨幣交換(通貨)及政府的干涉

國際貿易一方面是資源財貨的交易,另方面也涉及國與國間的貨幣交換。進口商需要付給出口商貨幣,而貨幣的來往涉及幣值的換算與傳送,通稱為通匯。

㈣具有擴大市場的涵義

國際貿易包涵進口與出口,都將交易範圍擴大,也是市場的擴大,由本來以國內為界,擴大到跨國的範圍。

三、發生的基礎

國際貿易的發生建立在兩大基礎上,即對本國經濟有利、對全世界的經濟也有利。就此兩方面的基礎進一步說明如下。

㈠對國內經濟的效益

一國進行國際貿易對國內的經濟有許多方面的效益,重要者如下所列。

1. 比較利益相對較大,機會成本相對較少

此種利益是指與外國買賣比在國內生產或僅由國內消費的成本都較少,收益都較大。

2. 提供國內缺乏的資源

在資源缺乏的國家,可由進口資源來彌補國內資源缺乏的問題,有資源便能進行生產。

3.提升國內生產技術及方法

經由進口外國貨品及由出口本國貨品都可促使生產技術及方法的提升。進口貨幣可刺激國內廠商學習或模仿外國產品的生產技術，進行自己製造。為了出口產品也必須在生產技術上作改變謀提升，使能符合外國消費者的需求。

4.提供資金流通增進投資與就業

國際貿易勢必要與外國通匯，故可促進資金的流通，將過多的資金外流，也可吸入資金，充實國內的資金。進出口資源、財貨及勞務也都有助發展投資，增加就業機會。

5.提升國際競爭力

發展國際貿易，繁榮經濟，尤其是出口，可以累積外匯，增強國家經濟力量，提升與外國的競爭力。

6.提高國內消費水準及滿足程度

進口資源可使國內生產必要的消費品，進口財貨則可直接供給國內消費者消費之用。出口資源及財貨則可增加國家及國民的收入，增強購買能力，也可提升消費水準及滿足程度。經由國際貿易，全國的消費總量也可因而增加。

口對全球經濟的利益

國際貿易有利貿易國的經濟，也對全球的經濟有利。重要的利益有下列諸項。

1.促進國際分工，使貿易國雙方獲利

因有國際貿易，每個國家可依據其有利的條件生產特別有利的產品，不必樣樣顧及自立，故可促進國際分工，使全世界的生產更有效率，各貿易國都能獲利。

2.增加全球總消費量，促進全球經濟的發展

因有國際貿易，世界各國之間乃能貨暢其流，都可消費世界各地生產的物品，使全球總消費量增加。全球的經濟因而可以發展。

3.增進國際關係，促進國際交流及文明的發展

由於國與國之間的貿易，乃也可促進其他多方面的交流，如教育、文化的交流等，政治上也必須講求和平協調，全球的文明因而也可增進與發展。

第二節　政府對國際貿易的保護與干擾政策

一、政府需要保護與干擾政策的理由

國際貿易不僅涉及國與國之間的貨物及勞務的交易，也涉及國與國之間的貨幣交易，更會影響國際間政府的關係及人民的關係等多方面的權益。基於本國的經濟、政治、社會、文化等的現實條件與利益因素，政府不得不採取保護與干擾的政策與措施。

二、重要的保護與干擾政策及措施

世界各國的政府曾經在國際貿易上採用的保護與干擾政策與措施很多，於此舉出若干重要者並略加說明：

㈠限制進口的政策與措施

政府為考量維護國家的安全及社會經濟的穩定，多半對於進口軍火、毒品、糧食等都曾採用禁止或限制。其中對於毒品多半都採完全杜絕，對於軍火則作選擇性的進口，對於糧食則以能自給自給為目

標，不足時乃以進口補充。

(二)保護幼稚工業或民族工業

政府對於計畫發展的工業，在初期發展或幼稚發展的階段都會採取保護的政策。對於重點發展的民族工業也同樣會採用保護的政策。為保護國內的幼稚工業或民族工業，通常都會對外國競爭性工業的產品加以干擾或抵制，禁止或限制進口。

(三)提高進口關稅或反傾銷稅

1.功　用

世界經濟強國常有將其產品大量傾銷外國的現象。進口國為能有效抵制由外國傾銷到國內的產品，常由提高關稅來抵制。提高進口關稅的目的即在增加進口貨品的成本，限制進口數量，保護國內類似的產業，也可保護國民的就業。

2.不良效果

提高進口關稅的結果會減少進口量，可能影響消費者的權益，不能享受到較低廉的外國貨，也影響進口商及關聯產業者的利益。此外，提高關稅也可能引發輸出國採取相同的報復手段。

(四)限制進口

此種策略是指限制進口配額，藉以保護國內相關產業。為達到限制進口的目的，也常採用管制外匯及管制進口財貨的規格來達到控制的目的。

(五)出口補貼

政府為促進國內產品的外銷，藉以獲得外匯並促進國內產業的興盛以及繁榮經濟，乃對出口品使用低利貸款、減稅、優先取得生產工廠用地、出口退稅等措施，提升其在國際市場上的競爭力。

㈥出口設限

政府為限制出口量,以保存貨品在國內的供應量,避免貨品提升價格,保護國內消費者的權益,乃可能採用課徵出口稅或限制出口量來抑制出口。由此策略,也可增加政府稅收的效果。

三、貿易保護或干擾(障礙)的效果

許多國家對國際貿易採取保護或干擾的措施都有其預期的效果,終究也可達成其預期的效果。重要的效果有下列諸項。

㈠使進口品或輸入品的成本相等於國內產品的生產成本,藉以保護國內生產者及其產業。

㈡保護國內工資水準對抗國外較廉價的工資。

㈢緩和國內生產的衰退,降低國內的失業率。

㈣矯正本國收支赤字。

㈤改進本國的貿易條件與經濟福利。

㈥保護國內廠商對抗外國產品的傾銷。

㈦保護國內幼稚工業及民族工業之發展。

㈧保護國家國防產業的安全,也維護國內社會治安及經濟安定。

四、保護主義的害處

貿易保護主義雖有上列諸項好處,但也會有不少害處,重要者有下列這些。

㈠遭受外國報復

當一個國家採取保護策略,維護國內的利益時,外國也會採取報復的策略。

㈡出口受阻

當外國採取報復手段與方法時，本國產品的輸出常會受到阻礙，以致會減少輸出量。

㈢引發國內生產蕭條

當國內產品外銷受到限制時，形成國內產業減產，因而減少產量，終會形成經濟蕭條。

㈣升高失業率

當國家的經濟蕭條時，工人找不到工作，致使失業率升高，社會失去安全。

㈤美國的高關稅政策導致高失業率的實例

在 1929 年以後美國胡佛總統曾經實施高關稅政策，乃引發經濟大恐慌，失業率也隨之升高。

第三節　開放關稅或自由貿易的政策

一、意義與實際措施

㈠意　義

開放關稅或自由貿易政策是指國家在政策上不課關稅，開放外國產品自由進口。

㈡實際措施

自從二十世紀以來由美國帶領推行國際間關稅貿易協定（GATT），各國走向開放關稅的政策，後來此一協定又發展成世界貿易組織或 WTO（World Trade Organization），成為一種世界性、長

期性的正式組織,參與的國家彼此都開放關稅,產品可自由進出。我國約自 1980 年代陸續多次參與 GATT 的談判,至 2002 年初正式加入 WTO,成為正式會員國。多項產品開放自由進口,尤其農產品方面開放的項目很多,對我國農民收益與農業發展產生很大的負面影響。但也因此使我國許多工業產品更容易外銷,對於總體經濟或許有利。

二、開放關稅自由貿易的效果

注重關稅開放的自由貿易政策對多方面都會有影響,重要的影響可歸納成三大方面,即:㈠對國內生產者的影響,㈡對國內消費者的影響,㈢對全世界經濟效益的影響。就此三方面影響的重要內容說明如下:

㈠對國內生產者的影響

此方面的影響是複雜的,有正也有負,重要的影響可歸納成下列三點。

1.對優勢輸出品的生產者有利

因為外國未課進口關稅,可減低此類產品的出口成本,故此類產品的生產者會較有利可圖。臺灣加入 WTO 後,一般工業產品都是較優勢的輸出品,故也都較有利,此為政府為何要很積極參與 WTO 加入自由貿易組織的原因。

2.對於弱勢生產者很不利

因為此類生產者所生產的產品在國際市場上的競爭性增大,且外國的同類產品也可自由輸入國內,乃打擊國內生產者的利益。一般農業生產者都屬此類弱勢生產者,受到不利的後果也較嚴重。臺灣自加入 WTO 後,許多農產品都無法生產,因為難以和外國的同類產業競爭,致使政府普遍採行休耕政策,使農地休耕,不做生產。

㈡對國內消費者的影響

自由貿易的結果，國內消費者大致都可獲得利益，因為可享受到較低價格的外國產品。臺灣自加入 WTO 後，很明顯輸入多種過去所未見的水果。有些進口水果的價格也不比本地產的貴。

㈢對全世界經濟效益的影響

此方面的影響多半是正面有利的，可促進全球對物品的消費總量及總收入，故也有助世界經濟的繁榮。但對若干經濟弱勢的國家，或若干國家中的經濟弱者則有不利的影響。

三、自由貿易的禍害

許多國家都因世界自由貿易，外國產品傾銷，影響國內生產蕭條，臺灣農業衰退即是一例。此外自由貿易也促使資本帝國主義的興起，經濟強國越強，弱國則越弱。

第四節　國際貿易的順逆差分析

一、意　義

所謂順逆差是表示國際貿易中進口值與出口值相對關係的用詞。順差是指出口總值大於進口總值，逆差則是指進口總值大於出口總值。

二、貿易順差與逆差的後果

㈠順差的後果

貿易順差是指總出口值大於總進口值，故國家可賺進外匯，可使

國內幣值上升，國民所得也增加。有利國內累積資本，促進經濟發展，也可提高國民所得，改善人民的經濟生活水準。

(二)逆差的後果

一般貿易逆差的後果正好與順差的後果相反，即國家的外匯存底會減少，貨幣貶值，國民所得相對減少，人民的消費能力減低，經濟生活水準會變低。

但是貿易逆差的實質經濟發展後果則較複雜，要看進口的結構如何而定。如果進口貨品為資本財貨，因可用為生產，故是一種投資，則有助經濟發展。如進口的貨品為消費財，則有損經濟發展的潛力。

三、兩種不同匯率制度下對貿易順逆差的分析

國與國間的貿易關係使兩國之間貨幣的流通與交換，而兩國間貨幣流通與交換的計算有兩種不同的制度與方法，一種是金本位，另一種是變動匯率。在此兩種不同的貨幣流通與交換制度與方法下，貿易的順逆差的後果會有不同的情形，將之分析說明如下：

(一)金本位下順逆差的利與害

所謂金本位是將各國貨幣與黃金的兌換比率固定，通貨的價值以國家的黃金存量為基礎。當貿易順差時，增加黃金的存量及貨幣數量，逆差時減少黃金存量及貨幣數量。如果貨幣數量不變，依據貨幣數量學說 $MU = PT$，則當貿易順差時必須調升物價及財貨交易量，短期內會使物價及財貨交易量上升，所得增加。反之，在貿易逆差時，短期內會帶來物價及財貨交易量下降，所得減少。

(二)匯率可變下的貿易順逆差後果

世界金本位因黃金產量的受限而崩潰，目前許多國家的貨幣及外國貨幣的關係都採外匯準備做為支付的工具。美金是最適用的外匯準

備。當貿易產生順差或逆差時，會使外匯匯率浮動，乃將使國際貿易中個別產業產生風險。當匯率上升時，進口貨品價格上升，進口商可能要冒進口貨滯銷的風險。當匯率下降時，出口商出口貨品所得貨幣價值可能減少，而要冒虧本的風險。但進出口商是否因為外匯匯率浮動而獲利或虧損，主要受其買賣外幣價差的直接影響較大。

第五節　國際貿易的條件

世界各國中有些國家的國際貿易較為發達，另些國家的國際貿易則較不發達。國內有些人較有能力從事國際貿易工作，另些人則較無此能力。可見國際貿易事業與活動在國家及個人的層次上都有其必備的條件。本節先說個人必備的條件，再論國家具備的條件

一、個人必備的條件

個人必須具備若干重要條件，才能從事貿易工作，這些條件是：

㈠熟悉貿易夥伴國或世界通用的外國語言

國際貿易的進行難免使用外國語言，可能是貿易夥伴國的語言。對臺灣的許多貿易商而言，如日本語言。另一種是世界普遍通用的語言，如英語。具備這些語言，在貿易的談判與實際交易的過程中才能溝通與成事。

㈡了解貿易情勢

所要了解的重要貿易情勢包含國家的情勢及物品的情勢。此兩種情勢在貿易上都很重要。國家的情勢包括國際關係、國家的資源情勢、經濟發展情勢、國民所得情勢、消費結構情勢及生產結構情勢。物品的情勢則主要包括物品的供需與價格情勢等。

㈢貿易進行程度與操作

重要的貿易程序與操作內容包括國內外市場調查、訂約、結匯、報關、購買、運輸、收貨驗貨、出售及使用進口品、收匯等。

㈣資金的準備與控制

進出口貿易生意，一般牽涉的貨品數量很多，需要的資金為數也很多，進口商需要資金用來進貨，出口商則需要資金用來生產並交貨。因此進出口業者都要準備雄厚的資金。對於資金的運用也必須知所控制。控制的要項很多，包括作適量的準備與花用，控制資金不被欺詐，不被浪費。

二、國家的必備條件

一個國家的對外貿易要能發達也必要有若干重要的必備條件，下列諸項即是：

㈠要有充分的貿易人才與商家

國家的貿易成效係由匯集個別貿易廠商的效果而來。故其必備的首要條件是要有充分的貿易人才與商家。有人擅長貿易並能實際進行，國家便有獲得良好效果的機會。

㈡要有良好的資源或產品可供出口，且要對外國的資源或產品有所需求

有適當的資源及產品可供出口，出口貿易才能進行。又人民及政府等對外國產品有需求，進口才有銷路，於是也才有人願意從事進口生意。

㈢要有充分的設施

一國的進出口貿易需要有良好的配套措施，貿易事業才能進行與

發達。這些重要的配合性措施包括發達的電訊、交通、運輸及生產設備等。其中電訊設備是用來談論生意及貿易貨款之用。交通及運輸設備則可方便貿易者的來往及貨品的運輸。生產設備則為出口廠商所必備，可以用來生產出口商品。

㈣要有良好相關制度與政策

有關貿易的重要社會制度與政策有多種。重要者包括工業生產的制度、進出口關稅及財稅的鼓勵性制度、外匯交易制度、生產者及消費者的福利制度等。

第六節　國際貿易的風險

與外國進行進出口貿易雖有不少好處，但也有很大的風險，願意從事貿易工作的人尤不能不知。本節分為進口與出口的風險與危機兩大方面說明。

一、進口的風險與危機

自外國進口貨品，可能遭遇下列多種的危機與風險：
此方面的風險與危機有多種，將之列舉如下：

㈠貨品的風險與危機

包括可能進口假貨、空櫃及瑕疵的劣貨等。

㈡付款的風險

外國出口商以各種藉口要求加價、或多付款項，而致使進口商遭受損失。

㈢貨幣價值變動

在買定進口貨品時，因外匯價格上升，必要支付更多價款，或因

本國貨幣貶值，從國內中盤商收得的售價不夠付給外國出口商的成本，而造成損失。

(四)運輸損失

如果貿易契約定的是在出口國岸邊交貨，則貨品自交貨之後在海上運輸到上岸取貨途中可能造成的損失都得由進口商負擔。在運輸過程中可能的損失包括物品可能發生的腐爛或損壞、遺失、意外沈沒或被竊等。

二、出口的危機

國際貿易過程中出口商也同樣會有危機或風險，重要的危機或風險有下列諸項。

(一)缺　貨

出口商若與人訂約要出售某種貨品，到交貨時卻因缺貨而無法交貨，則可能要冒受罰或賠償的責任，這是出口商的最大風險與危機之一。

(二)貨款難收

曾有出口商，在出口過程中也會遭遇貨款難收的風險與危機。此種危機的發生有可能是貿易夥伴失信，也有可能是因為進口國發生軍事政變或政治動亂的原因。當然也有可能是因為天災地變的自然災害因素所致成。不論原因如何，一旦發生貨款難收，損失都不輕，也會給出口商很大的打擊。

(三)外匯貶值

如果出口商約定的售貨價格是外幣價格，於出售之後適值外幣匯率下降，也即外幣價格下跌，無形中將遭遇損失，此也為其風險之

一。

㈣退　貨

出口過程中遭受退貨的事件也甚常見。對方退貨的理由可能是貨品與樣品不合，可能是運輸過程中貨品發生損害或變質，也有可能是對方故意刁難。一旦有退貨情形發生，總會發生風險與麻煩。

三、總　結

進出口的生意一般都是大數量的交易，一旦稍有閃失，損傷都很大。面對可能發生的種種風險，進出口商都需要小心應對，儘量使其不發生，發生時能將不良的影響與後果減到最小，才能使進出口生意永續經營。

第七節　臺灣對外貿易的概況

一、進出口值

在 2004 年時臺灣每年出口值為 1,740 億美元，進口值則為 1,679 億美元。是五十年來出口值最多的一年，但當年順差值卻只有 61 億美元，不如 1987 年最多順差的 187 億美元。

五十年來臺灣對外貿易，每年都是出超的局面。約在 1980 年代的後半期，是出口的全盛時期，每年的出超額都在百億美元以上，或在新臺幣 3 千億至 6 千億之間。但自 1990 年代以來雖然每年都還有出超，但出超額下降很多，常降至百億美元以下。在 2004 年，出超額僅有 61 億美元，比 2003 年時有 169 億美元的出超值足足減少 108 億美元或 64%之多。

二、主要進出口國

㈠主要進口國

2004 年時，臺灣的主要進口國依次是日本（26.0%）、美國（12.9%）、韓國（6.9%）、德國（3.5%），沙烏地阿拉伯（3.3%）、馬來西亞（3.2%）、印尼（2.4%）、新加坡（2.6%）、澳洲（2.0%）、菲律賓（1.8%）、泰國（1.6%）、荷蘭（1.3%）、法國（1.2%）、香港（1.2%）、英國（1.0%）、巴西（0.8%）、加拿大（0.7%）。

㈡主要出口國

2004 年時臺灣的主要出口國家依出口值的總值計依次是香港（17.1%）、美國（16.2%）、日本（7.6%）、新加坡（3.6%）、韓國（3.1%）、荷蘭（2.7%）、德國（2.6%）、馬來西亞（2.3%）、菲律賓（2.2%）、英國（1.9%）、泰國（1.8%）等。

㈢主要入超國

2004 年時臺灣的貿易國中主要的入超國依次是日本、韓國、沙烏地阿拉伯、印尼、馬來西亞、澳洲、巴西、法國等。與日本的入超是304 億美元，與韓國的入超則為 62 億美元，與沙烏地阿拉伯的入超則為 51 億餘美元。

㈣主要出超國

在 2004 年我國與香港貿易全年出超最多，為 277 億餘美元，其次是與美國的出超是 65 億美元，與荷蘭的出超為 26 億餘美元。

三、主要進出口貨品種類

㈠出口貨品

在 2004 年時我國的出口貨品中依出口值計，前十項依次是：*1.* 電子產品、*2.* 金屬產品、*3.* 資訊、交通產品、*4.* 機械產品、*5.* 紡織品、*6.* 精密儀器產品、*7.* 塑膠產品、*8.* 電機機械料產品、*9.* 化學產品、*10.* 交通設備。

㈡進口貨品

同年我國的進口貨品，依進口價值的大小列舉，則依次是 *1.* 電子產品、*2.* 金屬原料及產品、*3.* 機械、*4.* 化學品、*5.* 原油、*6.* 精密工具、*7.* 電機機械產品、*8.* 資訊交通產品、*9.* 交通設備、*10.* 紡織品。

練習題

一、是非題

（×）*1.* 自由國家的政府對國際貿易不會採取保護與干擾的政策。

（×）*2.* 我國加入 WTO 後，對優勢生產者不利，對弱勢生產者有利。

（×）*3.* 國際貿易對全球消費量造成減少的作用。

二、選擇題

（C）*1.* 美國曾經實施高關稅政策，致使經濟大恐慌的總統是誰？ (A)羅斯福 (B)尼克遜 (C)胡佛 (D)詹森。

（D）*2.* 政府對國際貿易的主要保護對象是 (A)農產品 (B)領

先工業　(C)夕陽產業　(D)幼稚工業或民族工業。

（　C　）3.臺灣於何時加入 WTO？　(A)2000 年　(B)1998 年
(C)2002 年　(D)2004 年。

三、解釋名詞

　　1.出口設限

　　2. GATT

　　3.貿易逆差

　　4.金本位

　　5.開放關稅

四、簡答題

　　1.如何促進一國的國際貿易？

　　2.試說你所知的臺灣對外貿易情況。

第十五章

經濟變遷、成長與發展

第一節　各種名詞的意義與概念及其差別

一、意　義

㈠經濟變遷

經濟變遷是指一個經濟體如一個國家或地區的經濟情勢與條件因時間改變而起變化之意，包括正面的成長與發展，及負面的蕭條與衰敗。

㈡經濟成長

經濟成長是指一個經濟體在長期間出現實質國民生產毛額（GNP）的增長或平均國內生產毛額（GDP）水準持續增長的現象，是正面的經濟變遷。

㈢經濟發展

經濟發展的意義也包含經濟成長，但除此之外還包括經濟制度、觀念、產業結構、所得分配、環境資源、生活方式等的改善。

二、衡量與測定

㈠成長率

指前一年與當年國內生產毛額（GDP）的增減，除以當年GDP，再乘100%後所得到的百分率。

㈡經濟發展的階段

衡量經濟發展也可用階段的劃分當為衡量的指標。

過去不同的學者中對經濟發展階段的論說曾有兩位很著名者，一位是李斯特（List），他將人類歷史上的經濟發展階段分成 1.漁獵、2.遊牧、3.農業、4.農工業、5.農工商業。另一位是羅斯特（W. W. Lostow）。他將從農業發展至工業發展分成五個階段，即

1.傳統社會（the traditional society）。

此種社會以農業生產為主要經濟活動。

2.起飛前的準備階段（pre-condition for the take-off）。

此一階段是指工業起飛前的準備階段。

3.起飛階段（the take-off）。

此階段也即以工業為主要經濟活動的階段，也稱工業起飛階段。

4.邁向成熟階段（the drive to maturity）

此階段是指由輕工業轉型為重工業及精密工業的階段。

5.大量消費的階段（the age of mass-consumption）

此階段是以耐久性消費財貨的生產為中心。

第二節　經濟變遷的性質：波動與循環

　　經濟變遷也常出現波動與循環的現象，故可用波動循環來表示經濟變遷的性質。本節即對經濟波動與循環的概念與性質加以論述與說明。

一、經濟波動的意義與性質

㈠意　義

　　經濟波動是指經濟活動因時間變化而呈起伏波動之意。波動的時間可由每日、每週、每月、每季及每年見之。

㈡波動的類型

　　經濟波動有三個重要類型，一是長期趨勢（long trend）；二是週期性變動（cyclical flection）；三是不規則變動。就此三種波動類型的性質說明如下。

1. 長期趨勢

　　此種變動是指經濟量與時間呈一定關係的變動。趨勢的方向可能上升或下降。

2. 週期性的變動

　　此種變動是指經濟的活動程度時高時低，週而復始的變動，與循環變動的意義相近。變動的週期性有長有短。

3. 不規則變動

　　此種變動的原因不明，變動的幅度也不規律。

二、經濟循環

㈠意義

經濟循環一詞是用以描述一個經濟體隨著時間的演變呈現時好時壞的循環現象。

㈡衡量指標

衡量經濟循環的指標常以實質國內生產毛額（real GDP）為代表。

㈢循環階段

循環的階段大致可分兩大階段四小階段。兩大階段是內縮（contraction）階段及擴張（expansion）階段。其中內縮階段可再細分成衰退（recession）及蕭條（depression）兩小階段。而擴張階段則可再細分為復甦（recovery）及繁榮（prosperity）等兩小階段。由繁榮到衰退階段的最低點稱為谷底（trough）。就四種階段的重要性質略述如下。

1.繁榮期

此時期是繼復甦期之後，社會需求增加，生產活動提高，投資增加，社會心理樂觀，消費增加，財貨銷路增加，利潤提高，就業率提升，工資上漲，國民所得提高，利率上漲。繁榮到一極限後，則走入衰退期。

2.衰退期

繼繁榮期之後發生，經濟危機出現，社會心理悲觀，商品銷路減少，利潤降低，投資減少，生產減少，失業率增加，利率下降。

3.蕭條期

繼衰退期後經濟出現蕭條，消費減少，物價下跌，利潤減少，投

資減少,失業率高,社會不安。

4.復甦期

蕭條之後經濟復甦。此時期投資逐漸活絡,增加生產設備,利率回升,物價回升,利潤提升,就業率提升,社會心理轉為樂觀,消費也增加,經濟開始擴張。而後逐漸再走向繁榮,完成一個週期。

三、景氣循環的理論(出現循環原因的論說)

有關景氣循環原因的論說有下列重要的四種:

㈠凱因斯學派的理論

此一學派認為引起經濟波動的主要原因是來自人們對於未來銷售貨品與獲利預期的改變。此種預期的改變則容易受利率改變、技術改變、全球經濟的改變及政治事件所影響。預期若樂觀則增加投資,預期悲觀則減少投資。

㈡重貨幣主義者的理論

持此理論者認為貨幣數量是造成經濟波動的主要原因。當貨幣供給增加,利率下降,投資與耐久財消費支出增加,匯率上升,本國貨幣貶值,出口增加。上述兩種效果都將提高總合支出水準,導致經濟擴張。反之,當貨幣供給量的增加緩慢,利率上升,將減少投資及降低總合支出水準,造成經濟緊縮。

㈢理性預期理論

理性預期是指利用各種可供使用的訊息所進行的一種預測。此種預期理論家認為只有非預期到的變動或存在意外的變動時,才能夠引起經濟波動現象。而所指非預期到的變動如貨幣增長率的超預期變動,或總合支出水準出現未如預期到的變動等。

㈣實質景氣循環論

此種理論認為生產力的不規則變動才是經濟波動的主要原因,而生產力不規則主要來自於技術進步的步伐有快有慢,也可能來自國際的干擾,如石油禁運或戰爭等。此外也可能因氣候的變化,自然災害或技術突飛猛進。總之,生產力的增長率變動是實質景氣循環理論的重點所在。

第三節　經濟成長

一、經濟成長（economic growth）的前提條件:誘因機制

一個國家或社會的經濟要能成長發展,必須要有若干重要的先決條件。無此條件,則經濟成長無以發揮,經濟發展也難有成效。在資源一定的情況下,如下的條件必須要先能達成。

㈠尊重市場機能以配置資源

唯有能按照市場機能來配置資源,才能以最小成本去利用資源,也才能在最佳時機去利用資源,才能使經濟的成長與發展最有效果。

㈡適當的財產制度

世界上的財產制度一般有兩大類,一種為私有財產制,另一種為公有財產制。一般私有財產制較能發揮市場機能,也較有誘因去使用資源,並促進經濟成長與發展。但私有財產制也要能適當並有節制,經濟成長與發展的結果才能公平分配給所有的國民與人民,全國的國民與全社會的人民才會盡力投入經濟成長與發展工作,共創良好的成果。

㈢降低交易成本

此一先決條件有利發揮市場機能，也有利經濟成長的誘因。至於降低交易成本的途徑很多。為能有效促進國家的經濟成長，政府及民間必須能善加研究並運用。

二、經濟成長的來源或要因

促進或影響經濟成長的來源或要因主要有三種，將之說明如下：

㈠來自勞動投入

因為勞動（labors 或簡稱 L）是促進生產的主力，也是促進經濟成長的主力。經濟要能成長，必須得自勞動力的投入，勞動投入量的變動也必會影響經濟成長的幅度與速度。一個缺乏勞動投入的國家或社會常會使經濟成長停滯不進，故有必要尋找可以投入的勞動力。常見這種國家經由培養訓練本國的勞動力，或由引進外藉勞工，來促進經濟的成長與發展。

㈡來自使用資本（capital 或簡稱 K）

資本是為勞動力以外的另一重要促進經濟成長的要素，要使經濟成長，除必須要有勞動力的投入以外，也要有資本的投入。資本的來源與途徑也很多，可由國民儲蓄，也可由外援、借款及籌集資金等方法得來。投入經濟成長的資本量，也必須與投入的勞動與其他因素相配合，才能有效促進經濟成長。

㈢來自技術進步

技術（technology 或簡稱 T）也是促使經濟成長不可或缺的來源或要素。此一要素的來源可由研究創造及學習模仿得來。技術水準提升對經濟成長的作用非常必要。

㈣決定經濟成長要素的方程式

$$Y=F(L、K、T)$$

式中 Y 表示社會或國家的總生產額

　　　L 表示社會或國家的總勞動投入量

　　　K 表示社會或國家的總資本投入量

　　　T 表示社會或國家的總技術投入

　　此一方程式的意涵是指一個國家或社會的經濟成長是勞動、資本及技術投入等三要素的函數，也即來自三個要素，或受此三項要素所影響或決定。

三、經濟成長的理論

　　過去的經濟學家不少人對經濟成長都有重要的論述，比較成為理論者可歸納成三大類群，將之說明介紹如下。

㈠古典成長理論（Classic Growth Theory）

　　此種理論家有馬爾薩斯（Thomas Robert Malthas）、亞當史密斯（Adam Smith）及李嘉圖（David Ricardo）等。發表理論的時間約在十八世紀末至十九世紀初。理論的內容有兩要點：

　　1.實質的國內生產毛額（GDP）的成長是短暫的。

　　2.當國民實質生產毛額（real GNP）超過維持生存所需時，人口大量增加，乃使 GNP 降至生存所需的水準。

㈡新古典成長理論（Neo Classic Growth Theory）

　　創造此一理論的經濟學家為雷姆協（Frank Ramsey）。時間在1920 年代。理論的重點在強調技術變動因素對經濟成長的影響，重要內容包括下列三點：

*1.*技術變動將導致投資活動的進行，故可提高每人實質所得。

*2.*技術變動的快慢會影響經濟成長率的大小。

*3.*技術變動的出現與快慢並非人力能左右。總之，經濟成長主要來自技術變動，技術變動快時，經濟成長率高，反之，技術變動較慢時，經濟成長率較低。

㈢新成長理論（New Growth Theory）

此一理論的主要經濟學家為 1930 至 1940 年代的熊彼得（Joseph. A. Schumpeter），1980 年代的盧卡斯（Robert E. Lucas）及羅莫（Paul Romer）。理論的重要內容有如下兩點：

*1.*平均每人毛生產額產值水準的成長是來自人們為了滿足無窮的慾望，此一慾望使人不斷追求利潤、創新、開發新產品及提高生活素質。

*2.*毛生產額產值的水準可永遠持續下去。

第四節　經濟發展

一、經濟發展的涵義及重要性

㈠涵　義

經濟發展是指經濟的成長與進步，以及指直接有關經濟的觀念、行為結構及制度等的改進與間接有關經濟的政治性、社會性、教育性、文化性及人口性等複雜要素與條件的改進。不僅有關所得的增加，也關係生活品質的改善等。

㈡重要性

經濟發展在低度開發國家尤為重要，重要的原因或理由有下列三

要項。

1. 民族自覺到經濟發展的重要性

落後國家於獨立之後深覺經濟落後的痛苦與不幸，乃自覺必須發展經濟。獨立後的落後國家經濟落後的痛苦與不幸有多端。這些國家在獨立的過程中可能與殖民統治國發生戰爭，戰爭的破壞使其在戰爭結束獨立之後，生產設施缺乏，人民生活窮困，內亂頻頻，雖然在政治上脫離殖民統治國，但在經濟上仍難以自立自強。

2. 低度開發國家經濟落後，與進步國家相比，差距懸殊，必要縮短距離

二次世界大戰以後許多落後國家紛紛獨立，乃有機會與其他進步的國家接觸與比較，因而深覺差距懸殊，自覺必須圖謀發展。

3. 國家合作強化，避免共產主義入侵

自由世界進步的國家為防止落後國家被共產主義所顛覆與吸收，乃加強與其進行經濟合作，促進經濟發展，免受共產世界所包圍。

二、低度開發國家的特性

低度開發國家在經濟與社會方面有其特性，這些特性成為努力擺脫的目標。重要的特性有下列三要點：

㈠個人所得水準低落

落後國家的一項特性是人民所得低落。致使這些國家個人所得水準低落的原因很多，重要者有因資源缺乏，人口太多，資本不足，產業偏多為初級性者，生產技術落後，教育欠佳，衛生不良，人民貧窮，生活困苦。

㈡人口要素欠佳

這些方面的重要因素之內容包括出生率偏高,死亡率由高變低,小孩人口偏多,平均年齡偏低,生產力低,教育程度低落,產業不良,疾病偏多,素質與健康條件不良等。

㈢社會文化條件落後

此方面的重要特性包括政府組織不健全,行政效率差,不良的風俗習慣偏多,宗教力量強大,獨裁者專政,民不聊生,欠缺儲蓄習慣與能力。

三、經濟發展的重要策略與方法

促使經濟發展的策略很多,下列各項都是很重要者。

㈠形成資本（capital formation）

資本是經濟發展的必備條件,故要促進經濟發展必先要形成資本。而資本的形成可得自兩個重要方法與途徑,第一是,由誘導提高所得,所得增加,消費不變,即可形成資本。第二是鼓勵儲蓄（saving）。

㈡利用過剩勞力

勞力因素與資本因素對推動經濟發展都很重要。故要推動經濟發展,對於過剩的勞力資源必須要能善加利用。適當利用的途徑有二,一為移轉運用,如將過剩的農業勞動力轉移到工業發展部門。第二種途徑是由政府加強教育訓練,以提升勞動的生產力。

㈢改進生產技術

除資本與勞力之外,技術也為發展經濟的另一重要因素,故由改進生產技術也為促使經濟發展的重要策略與方法。而改進生產技術的重要方法與途徑有兩項,一是加強技術研究,二是加強技術推廣與使

用。

㈣輸入資源

輸入國內欠缺但生產上必須使用的資源。缺乏此種資源，國內無法生產。目前我國為能促進經濟發展，必須輸入的重要資源包括鐵礦及石油等。

㈤安定政治環境

政治動亂不安，或政黨之間爭吵不休，對於國家經濟發展的傷害極大，政府不能有效制定及推行政策，國內廠商無法有效生產及銷貨，外國的企業也不敢前來投資。若能使政治安定，也即去除了不利經濟發展的一大因素，國家的經濟發展必可較為順利。

㈥提供投資誘因

可以促進經濟發展的誘因很多，包括給投資者免稅、減稅、提供廠地、補貼成本、外銷退稅，及鼓勵外資前來設廠等都是有效的重要誘因。

㈦健全貨幣政策

此方面的政策包括設立良好的金融制度，穩定貨幣的價值與兌換外幣的匯率等。

四、經濟發展的效果

一個社會或國家經歷經濟發展之後，對於人民、社會與國家必然會有明顯的影響與效果，且其效果不僅有正面的，且也有反面的。本小節即分別對人民及對社會的正反兩面的效果舉其重要者加以分析與說明。讀者不妨以本小節所論內容與臺灣在戰後經濟變遷所造成的種種事實加以對照與印證。

㈠對人民的影響或後果

　　經濟發展使國民所得提高，物質生活水準提升，這是經濟發展最有意義的影響或後果。人民物質生活水準的提高具體表現在其食、衣、住、行、育、樂等的質量改善事實上。因為人民的物質生活水準改善。其生理衛生條件也有顯著的進步。除此之外，人民的儲蓄能力也提高，投資能力也增強，貢獻社會，協助他人的能力也增多。

　　但是很不幸的，經濟發展的結果，對人民的生活行為與態度也產生一些相當顯著的負面影響，重要者有富貴思淫逸，行為上表現奢侈浪費，態度上表現驕淫與傲慢。社會大眾普遍注重金錢與物質，甚至於失去人性應有節制的尊貴與道理。

㈡對全社會與國家的影響

　　經濟發展使社會繁榮，國家的建設力量增強，公共建設能有顯著的進步及改善。國家在世界上的實力與地位也獲得提升，政府對人民有較多的照顧能力。

　　但是經濟發展之後社會也產生不少亂象與問題。重要者有享樂主義出現，社會的價值觀念遭受扭曲變形，社會上為非作歹的行為橫行，經濟犯罪頻頻發生，治安惡化，社會安定與安全亮起紅燈。政府的施政能力也由增加變為轉弱，面對人民與他國的挑戰也有增無減。

練習題

一、是非題

　　（○）1.經濟的波動可能在一日內發生。

　　（×）2.經濟擴張階段也包括蕭條。

（×）3.輸入資源無助於國內的經濟發展。

二、選擇題

（ A ）1. Lostow的經濟起飛論，所持經濟發展的最初階段是什麼？　(A)農業為主的階段　(B)起飛前的基本階段　(C)大量消費的階段　(D)工業轉型的階段。

（ B ）2.衡量經濟循環最常用的指標是　(A)國民所得　(B)國內毛生產額　(C)政府的稅收　(D)貿易差額。

（ B ）3.認為引起經濟波動的主要原因是人們對未來銷售貨品與獲利預期的改變者是　(A)重貨幣主義者　(B)凱因斯學派　(C)古典學派　(D)新古典學派。

三、解釋名詞

1.經濟成長率

2.經濟波動

3.形成資本

4.古典的經濟成長理論

5.經濟成長要素

四、問答題

1.試論經濟發展對人民及國家社會的影響

2.經濟發展的重要策略與方法為何？

第十六章
經濟政策及反托拉斯

第一節　經濟政策的意義、背景因素及目標

一、意　義

指政府為達成一定的經濟目標所採行的各種經濟措施。

二、背景因素

政府需要採行經濟政策有其必然的因素，重要的因素有下列三項：

㈠放任的缺失

政府可以不採取任何的經濟政策，也即採取放任的態度，任由經濟活動自由運作。但是此種放任的經濟，常會有缺失，例如每個經濟體會任所慾為，毫無秩序可言。

㈡自由市場失靈

無政策的經濟，形成完全自由的市場，但是自由市場會有失靈的時候，例如當缺錢缺貨時，不能供應貨源，價格漲跌時無法抑制，不僅生產者叫苦，消費者也無好處。

㈢政府有權力、財力及功能

從正面的方向看,一個國家與政府會採行經濟政策,乃因政府有權力、財力與功能,故可用政策來干預經濟現象,影響市場的運作。若無此種權力、財力或功能,雖要採行經濟政策也不可得。

三、經濟政策的目標

政濟政策必須要有目標,否則政策就失之盲目。但目標大致尚可細分成短期的目標及長期的目標,前者是指在較短時間內就可達成的,後者則是指需要較長的時間才可達成的。所謂短時間或許是數個月、一年或兩三年,長時間或許是指三、五年,甚至更長。在短期及長期之間有時還必要分出中期。將經濟政策的重要短期目標及長期目標列舉如下。

㈠短期的重要目標

常見的短期經濟政策目標有: *1.*促進充分就業, *2.*增加社會生產, *3.*提高所得水準,維持物價的穩定, *4.*平衡或改進國際收支。政府常將這些目標定為經濟政策的短期目標,因為如果這些目標未能較急速達成,存在的問題會較嚴重,且一旦實施有效的政策,對這些目標都很容易見效。

㈡長期的重要目標

重要的長期性經濟目標則有: *1.*促進經濟適度成長, *2.*促進財富及所得平均分配, *3.*促進資源的合理配置與利用, *4.*滿足消費者的集體需求。上列諸項所以常被政府定為長期目標,因為這些目標都較抽象,也需要較長的時間才能驗證與認定。

第二節　經濟政策的工具

一、意　義

為達成經濟政策的目標，政府所採用的經濟工具或方法都稱為經濟政策的工具，這些工具一般都是很具體可行的。

二、重要的經濟政策工具

累計過去各國政府常用的經濟政策工具或方法很多，常見者有下列這些。

㈠政府財政活動或政策的運用

此種工具如由健全財政趨向補償財政，前者是指全年收支平衡的財政概念，後者則指著重在一個循環期間內收支的平衡。在政策工具上所以由採用前者改為採用後者或許因為實際上很難在年度使收支平衡，乃不得不改採以一個經濟循環期間來使收支平衡。而一個經濟循環期間為期就不一定是一年。

㈡政府對貨幣因素的控制

由貨幣的供給理論可知貨幣的供給會造成各種經濟後果，故由採行貨幣的策略做為工具或手段，可達成某些預期的經濟目標。重要的貨幣政策工具或方法有變更重貼現率及存款準備率、規定利率水準等。

㈢政府對經濟活動的直接管制

此種管制的項目包括管制物價使其合理平衡，管制工資、管制貿易、管制外匯、管制資源分配，及管制投資活動等。

㈣租　稅

增稅減稅，或使用某種稅制也都可達成某些經濟目標。常見政府由提高稅率當為達成增加國庫收入的政策目標。

㈤補　貼

為鼓勵某種經濟活動，或為保護或保障某種經濟行為者的利益，則政府在政策上乃常採用現金補貼做為鼓勵或保護的工具或方法。被補貼的對象可能包括特殊的生產者、消費者、運銷商等。

㈥間接管制

此種工具如採行檢查的方法。常見有海關檢查輸入的貨品，市場抽驗上架的貨品等，目的在防止走私違禁品或保障商品的安全衛生等，也可能為了達成禁止仿冒或假貨。

三、經濟繁榮期的適當財政措施

㈠目標：防止物價膨脹

在經濟繁榮期，最可能發生的經濟問題是物價膨脹，因為人民的購買力高，廠商的投資意願強，貨幣供應充分，市場上對於物資的需求量大，乃願意也能夠以較高價格購買，這是可能形成物價膨脹的道理。但是物價膨脹了，必會阻礙市場的榮景，導致經濟回歸蕭條，為政府及社會大眾所不樂見，故政府常會在經濟繁榮的時期使出有效的經濟措施，來防止物價的上漲，而有效的措施常是財政性的。就重要的措施列舉並說明其效果如下。

㈡重要的措施

1.增加稅收

政府增加稅收，人民就得增加納稅支出，減少其消費能力，於是

可以降低其以高價搶購貨物的效果，對於防止物價膨脹必有效用。

2.減少財政支出

政府減少財政支出，相當於政府減少參與市場上的交易行為，減少搶購貨物的機會，也可緩和物價的上漲，可達防止物價膨脹之效果。

3.增加稅收同時減少財政支出

此種措施是將前列兩種措施合併使用，可使效果加大。

4.減少稅收同時減少財政支出

此法是擔心由增加稅收會引起人民不滿與反彈，故避而不用，而另採減少財政支出的辦法。但因減少財政支出時就無增加或維持原有稅收水準的必要，故可同時採用減少稅收措施。如果減少的財政支出能大於減少稅收的部分，仍有防止物價膨脹的效果，國民也可獲減稅的利益，故也為政府所樂用。

四、經濟蕭條期所採取的措施

㈠目標：為避免經濟過度萎縮

經濟蕭條期，民眾收入減少，購買力降低，生產品貨物滯銷，廠商的投資意願變低，政府稅收困難，故為政府及民間所不樂見。政府的政策目標及努力避免經濟繼續或過度蕭條，盡力使其能恢復繁榮。

㈡重要措施

為能避免經濟過度萎縮，有效的政策措施也有多種，其中不少重要措施都為財政性的，將可達成避免經濟過度萎縮的重要政策措施列舉數種並說明其效果如下：

1.減少稅收

減少稅收可使人民保留較多收入，多用為消費及購買物資行為，具有促進經濟繁榮或至少可避免經濟過度萎縮的效果。

2.增加財政支出

政府經由財政支出，可直接或間接增多市場購買貨品的能力，是否直接或間接增加此種能力，視所增加支出的流向如何而定。如果增加的支出，直接用為消費或儲蓄財貨，則可直接增強購買能力。如果增加的支出是由人民增加所得之故，則可間接透過人民的購買能力，而增強對市場上財貨的購買能力。

3.減少稅收同時增加財政支出

此項措施是合併前兩者的措施，故其對避免經濟過度蕭條的效果也為前兩種措施效果的總合。

4.增加稅收同時增加財政支出

增加稅收可能減低人民的收入及消費慾望與能力，因而可能有礙促進經濟繁榮。但因政府增加稅收後有助增加財政支出，如果財政支出能比人民支出更有效促進市場上的購貨及消費，則總合起來對於促進經濟繁榮的效果可比損傷經濟發展的影響大，終究有助避免經濟過度萎縮。

5.加強公共建設，擴大內需

常見當經濟蕭條時，政府都會採取加強公共建設藉以擴大內需的策略，來達成維護經濟發展避免經濟蕭條的目標。當國內加強公共建設，可能擴大的重要內需項目包括建設所需的各種材料及資源等。社會對於各種材料及資源的需求不僅可增強社會對此兩類貨品的直接需求，也影響對其他財貨或資源的間接需求。因而可以避免經濟蕭條，

提早恢復繁榮。

五、其他重要的財政政策及後果

(一)變更重貼現率

所謂重貼現率是指商業銀行以客戶的票據或債券作為擔保，並以商業銀行自我的期票向中央銀行請求貼現，也即借款。通常中央銀行對商業銀行的重貼現或現金借款都會先扣除利息，利息越高，表示重貼現率也越高，不利商業銀行向中央銀行借款，可減少貨幣供給，也可提高商業銀行對外貸款的利率，減少貸款數量，降低投資意願。此種策略可在經濟高度繁榮時使用。

反之，中央銀行也可採用降低利息，也即降低重貼稅率，藉以增加商業銀行對中央銀行的貸款，以及增加商業銀行對外的貸款，由此可增加貨幣供給量以及提升投資意願。此種策略可在經濟出現萎縮時行之，使經濟能得以繁榮。

(二)變更存款準備率

所謂存款準備率是指商業銀行就實際存款額而對中央銀行應準備的現金佔存款的比率。通常此種準備率都低於 100%。因為存款準備率是為應對存款的兌現或領款之用，而存款的兌現或領款率不會高到百分之百。當存款準備率越低時，銀行可創造出供為流通或自由運用的貨幣量相對越多。反之，當存款準備率越高時，銀行可創造供為流通或自由運用的貨幣量即相對越少。

調高存款準備率可減少貨幣供給量，減少投資放款量，此種策略應在經濟繁榮時行之。反之調低存款準備率則增加貸款供給量，有助增加投資放款量，增加投資活動。此種策略則可在經濟蕭條時採行。

㈢從事公開市場活動

此法是指由中央銀行進入公開市場買賣證券,藉以調節貨幣供給量,來影響經濟。

中央銀行向市場買進證券時,市場上貨幣供給增加,利率下跌,對經濟活動有激勵的作用。反之,如果中央銀行向市場賣出證券,收進市場上的貨幣,市場上貨幣供給減少,利率上漲,對經濟具有緊縮作用。

㈣直接管制政策

政府為影響經濟還可採行多種直接管制政策,重要的這種政策有下列諸項。

1. 物價管制與物價維持政策

此種政策的目的在避免通貨膨脹及維持其穩定生產者的利益,避免通貨膨脹可保護一般消費大眾的利益。維持某種特殊產品的價格,如保證稻米收購價格,則可保護稻農的生產利益。此種政策的主要功用與目的也在確保社會的安定與安全。

2. 配給政策

此種政策的目的在確保人民的最低生活水準。一般配給物品都為生活必需品,配給的對象都為貧窮的低收入者。

3. 貿易及外匯管制

此種政策的目的在保障國內的生產事業及經濟實力。如管制牛乳進口可保護牛乳生產事業,管制民族工業產品的進口,則可保障民族工業的生產事業。而管制外匯的外流,則可保存國內的經濟實力,避免資金外流,以致損傷投資及經濟活動的能力。

第三節　反托拉斯政策及建議

一、托拉斯（trust）及反托拉斯政策

㈠托拉斯的意義及由來

1. 意　義

托拉斯一詞係由英文 trust 一詞而來。此一名詞常被直接翻譯成「信託」，也即指大型獨佔的企業。國內著名的信託公司有國泰信託、中國信託等，新光信託及亞洲信託等。

2. 由來

托拉斯形成的主要原因是由企業大型化且具獨佔性。因大型到使小型企業難以與之競爭，乃形成獨佔的局面。而其所以能夠形成大企業，也因人民對其信任，將金錢交由大企業運用。常見大企業經由開辦銀行、金控或保險公司，向民間吸金，再將吸收到的金錢轉投資賺錢。

㈡反托拉斯政策的產生

社會大眾及政策常會反對或阻止托拉斯的產生，有下列幾種重要原因。

1. 因為大型獨佔的信託公司或企業，控制市場很高的佔有率，使其成本在較低的情形下生產或服務，卻迫使消費者或顧客要支付較高的價格去購買其產品或服務，從中賺取高利潤，卻造成社會致命的損失。

2. 獨佔者由於長期佔有市場優勢，少有研發與創意去尋找新技術或新方法來生產或服務，對於社會的進步、文化的提升沒有貢

獻，故也為人民所不願見。

3.獨佔者聚財致富，致使社會財富分配不均，造成貧窮者反彈。

二、政府控制托拉斯的策略或武器

面對托拉斯對社會國家經濟的操控，政府也常採用若干有效的措施以為對抗或抑制。政府的重要抵制策略或武器有下列這些：

㈠由政府掌握民生必需的設施或服務的所有權，避免落入托拉斯之手，減少其獨佔與操縱

這些民生必需的設施或服務包括交通、用水、衛生、瓦斯、電力等。

㈡設定可以控制或影響托拉斯的規則

重要的規則包括價格或服務規則，如規定由國家或政府所有及經營。過去不少重要的民生必需品或服務都由政府公營，但後來發現也有不少缺陷與弊端，乃不斷開放成民營化。

㈢制定反托拉斯法案

政府強有力的國家如美國，就訂有反托拉斯法案，藉以有效控制托拉斯，不使其發展成難以駕御的怪獸。

㈣對當前控制托拉斯的建議

美國的經濟學者見於托拉斯制度的缺點，乃陸續都有重要的建議，建議的內容多半都是在抑制托拉斯的發展，但也有持反方向的建議者，重要的相關建議有下列這些：

1.出售獨佔的特權

多半的托拉斯都因獨佔，包括寡頭獨佔，因而為去除托拉斯，乃建議出售獨佔的特權。

2.要求消費者派代表參與管理

此種建議係因消費者見於所需消費項目受托拉斯的控制，使其遭受明顯的損失，乃建議政府准許，由消費者派代表參與托拉斯的經營，使其減少對廣大消費者的危害。

3.撤銷反托拉斯法

此種建議是傾向維護托拉斯的存在與發展者。建議的方向與內容雖與前者不同，但也有人因見於托拉斯的效率或其他好處而提出此項建議。

第四節　戰後臺灣的經濟發展政策

一、數個時期的政策重點

自二次世界大戰以後，臺灣的經濟發展一向有很明確的政策為之引導與推動。各種不同時期的經濟政策重點各有其背景。本小節先就這些不同時期的政策重點及其背景說明如下。

㈠ 1945-1951 年：經濟重建時期

此一時期的經濟發展政策為重農業經濟的重建，以及限制進口措施，鼓勵國內廠商自行生產。在戰爭期間，農業及工業遭受破壞，發展也陷於停滯。其中在農業方面，因為戰爭的關係，農村人力不少在戰爭前往戰場而折傷，人心也因戰爭的威脅而無心經營，戰爭以後農民必須重拾田園努力耕種。此一時期的重要農業經濟政策是實施農地制度的改革，包括實施三七五減租，公地放領及耕者有其田。時間自 1949 年至 1953 年。其間在 1949 年至 1951 年實施三七五減租，1951 年至 1953 年實施公地放領，1953 年開始實施耕者有其田，至 1963 年

全部完成。此一政策的實施,評價分歧,但對耕作的農民具有穩定地權專心生產的功用。

在此一時期,工業發展方面也強調重建戰時被破壞的工廠。重建的工廠著重在生產國內必需用品者,尤其是食品,因此也可減低進口。

㈡ 1952-1960 年的第一次替代時期

此一時期的政策已進入著重貿易的推廣,而貿易中主要的進口品為原材料等中間財貨及耐久性消費材貨。此一期間臺灣的工業待興,但缺乏原材料,故必須進口原料,自行生產,以替代進口成品。

㈢ 1961-1970 年的出口擴張時期

此一時期的國際貿易由進口轉為著重出口。此一時期所出口的產品為前一時期所著重的民生工業製造品。因國內市場的供應已趨飽和,乃改為鼓勵出口。重要的出口品有農產加工品,紡織品等輕工業產品。

㈣ 1971-1980 年的第二次進口替代時期

此一時期再強調進口中間財貨及耐久財貨。而這一時期進口的中間財貨及耐久財貨都比第一次進口替代時期所進口的財貨較為耐久及高價,其中電氣材料的進口,藥品材料的進口等是重要進口中間財貨及耐久財貨。進口後當為材料經過加工製造而後輸出成品。

㈤ 1981-1990 年的產業升級時期

此一時期,臺灣的勞動價格上升變貴,再生產廉價的產品輸出缺乏競爭優勢,乃不得不講究技術升級,提升產品的價值。在此時期,逐漸將勞動密集的產業加以淘汰,改為生產附加價值較高的產業,其中電子產業可說是此一時期奠基發展起來的重要產業。由於產品的價

值高,輸出量也多,也影響國民所得大幅提升。

㈥ 1991 年以後至今的經濟自由化時期

此一時期世界經濟的情勢紛紛走向國際化,以設立世界貿易組織（WTO）為最重要方法,臺灣也不得不接受並採用加入世界貿易組織的政策,藉依據國際間產業的比較利益原則,以提升各種產業在國際間的競爭力。

二、政策的綜合評價

戰後臺灣在各不同階段所實施的經濟政策,可作成下列的綜合評價。

㈠政策大致相當成功

每一階段的經濟政策都達成預期的成果。原因是能針對每一階段的經濟條件與問題,選擇適當的經濟發展政策,因而也能順利達成政策的目標。政府也大致都能相當尊重市場上資源適合配置原則,使各種資源發揮發展的功能。

㈡經濟發展之後國民所得變高,儲蓄能力變好

臺灣的國民所得由戰後區區幾百美元快速增加至今的一萬三千餘美元。此一成效可說是經濟發展的成果,而經濟發展能有此一良好成果則因有適當的經濟政策為之引導與推動。

㈢經濟發展過程中有良好的配套策略

重要的成功配套措施包括有良好的教育制度所培養出來的優質人力資源,也將公營事業民營化,使各種生產事業能較有效經營並獲更佳成果。臺灣在經濟發展過程中原料資源極為缺乏,但人力資源則較豐富,因有良好的教育制度及成效為之配合。由於人力資源條件的優

勢,也使技術條件為之提升。此種配合性的條件都是經濟政策運用成功,發展的效果良好的重要原因。

三、發展的成本與代價

雖然數十年來臺灣的經濟政策實施算是相當成功,發展成果相當良好,但隨著經濟的發展,社會上也付出許多成本與代價。重要的這些成本與代價可細分成下列諸項:

㈠造成環境污染及景觀水土破壞

臺灣的經濟發展以工業發展居首功,但工業發展的結果造成相當嚴重的環境污染及景觀水土破壞。工業生產機關排放廢水嚴重污染河川,製造的廢棄物則嚴重污染土地,兩者共同污染農漁產品。此外也因工廠的設立而嚴重破壞景觀及水土。

㈡發展工業及貿易但犧牲了農業

在經濟發展過程中工業及貿易的發展對增加國民生產毛額及國民所得遠比農業發展有效。政府與國家為了推動經濟發展,明顯重工商與貿易,卻忽視了農業。農業成為扶持工業及貿易發展的工具與手段,如以偏低的農產價格做為降低工業生產成本的基礎,以利工業發展。因此在經濟發展過程中,農業的發展有被忽視與偏廢之勢,農民的所得與生活水準也偏低。

㈢社會風氣變壞,人民貪圖安逸,唯利是圖,治安惡化

臺灣經濟發展的結果,明顯使社會風氣變壞,人民貪圖享受發展的成果,追求安逸的生活,也養成唯利是圖的價值觀與習慣。於是經濟性與社會性犯罪增加,社會治安惡化。

㈣所得分配不均，貧富懸殊加大

　　政府為能有效促進經濟發展，對於投資的廠商常用減稅免稅的策略加以鼓勵，結果使賺大錢者能將龐大的收入與所得歸為私有，越累積財富越多，反之貧窮的階級相對越為貧窮，社會上的財富分配懸殊，差距加大，民怨不少。

練習題

一、是非題

（×）1. 促進所得平均分配是短期的政策而非長期的政策。

（×）2. 減少課稅，使人民所得增加，可防止物價膨漲。

（×）3. 美國資本主義的國家，政府的政策不會反托拉斯。

二、選擇題

（ D ）1. 經濟蕭條時期，為刺激經濟活絡，不宜採用下列中的何種政策？　(A)減少稅收　(B)增加財政支出　(C)加強公共建設　(D)共體時艱減少內需。

（ A ）2. 為保障人民生活，配給政策的首要對象是誰？　(A)貧窮的低收入者　(B)中產階段　(C)白領階段　(D)政府公務員。

（ B ）3. 臺灣的經濟發展曾經過替代時期，主要是進口什麼物品？　(A)消費品　(B)原料　(C)精品　(D)紡織品。

三、解釋名詞

1. 間接管制的經濟政策

2. 變更存款準備率

3.外匯管制政策

4.托拉斯

5.出口擴張時期

四、簡答題

1.試論重要的經濟政策工具。

2.試對戰後臺灣經濟政策的後果加以評價。

第 四 篇

經濟學家及經濟理論

第十七章
古今重要的經濟學家
及其理論

第一節　亞當史密斯的國富論

一、生平簡介

　　亞當史密斯（Adam Smith 1723-1790），生於蘇格蘭。在格拉斯哥及牛津大學受教育，曾擔任格拉斯哥大學教授及副校長。重要的著作有《倫理感情理論》及《國富論》。《國富論》於 1776 年出版，是其有關經濟理論的代表作。

二、《國富論》的重要論點

　　《國富論》的主要內容可摘要成下列五點：

㈠自由貿易與細密的分工對國家的經濟繁榮具有重要性。

㈡政府對壟斷的保護與課徵關稅將會帶來危險。政府應提供國防，調節貨幣供給，建立有效率的司法制度及公共的裁判。

㈢利己心比利他心更能增進社會大眾的福利。利己必經由看不見的手之引導而增進公眾的利益。

㈣重視機會成本的觀念。

㈤反對政府對經濟的管制。

三、重要貢獻

亞當史密斯的經濟理論是十八世紀末至十九世紀初經濟學理論的主流，也成為後來個體經濟學（micro-economics）的主幹。

第二節　馬爾薩斯的人口論

一、馬爾薩斯（Thomas Robert Malthus, 1766-1834）的生平

㈠生平簡介

馬爾薩斯為十八世紀末至十九世紀初的英國經濟學家。1766 年生於倫敦附近的薩里郡（Surry），父親是當地的鄉紳及律師。1784 年進劍橋大學耶穌學院（Jesus College）攻讀神學及哲學，1788 年畢業，1791 年獲劍橋大學碩士。1796 年取得牧師資格，開始佈道。1811 年與李嘉圖等討論經濟問題，1821 年組織經濟學會。

馬爾薩斯受十八世紀歐洲啟蒙運動的影響，拋棄了舊有哲學和宗教觀念，反對社會能繼續進步的看法，預見人類悲劇會來臨。

二、馬爾薩斯的人口理論要點

馬爾薩斯於 1798 年出版《人口論》（Essay on the Principle of Population As It Affect the Future Improvement of Society）一書，主旨在反對以前認為科學能夠維持人口數量目標的樂觀論調。認為人口繼續增加將使人類社會遭受饑餓瘟疫及戰爭等厄運。他的人口論要點可歸納成下列幾點：

㈠世界人口的增加快速，將成幾何級數增加，但供應人口增加所必須的糧食因土地有限，故供應增加的速度受限制，也較緩慢，只呈算術級數的增加，故人類將會面臨糧食不足的悲慘命運。

㈡人口快速增加，糧食供應不足，人口將會受到抑制，包括積極的抑制及消極的抑制。前者如戰爭、屠殺、饑餓、瘟疫、天災等。後者則如節制生育，包括經由禁欲、晚婚、不婚等途徑來達成。

三、人口論受到的批評

馬爾薩斯的人口理論出爐之後，贊成與響應者很多，成為永垂不朽的重要理論，對以後世界許多國家努力增產糧食，發展經濟，供應人口增加需要，以及採取節制生育，控制人口快速成長行動等，具有重大的影響與貢獻。然而當其理論發表之後，卻也引起不少人的反對與抵制。主要的反對論說有下列諸點。

㈠理論發表以後世界人口實際成長速度並不如其所言之呈幾何級數增加之快速。

㈡人口成長可由節制生育等緩和的方法加以節制，並由增產及維持社會秩序而加以調節與應對，不致於非經過戰爭及瘟疫等慘烈的下場不可。

㈢社會主義者如馬克斯等批評馬爾薩斯強調人口過剩的理論是資本主義方式的產物，也即是因資本過多替代勞動的結果。資本主義也以人口過多，人力過剩，作為壓低工資，剝奪工人權力的藉口或理由。

四、馬爾薩斯人口論的貢獻

馬爾薩斯的人口論雖然遭受到不少嚴厲的批評，但其對人類社會經濟的貢獻確有不少。雖然其理論有其不很正確之處，但其對人口增加太快可能引發的社會經濟問題的論述，給人類很大的啟示，使能及早預防及應對，而免除不少悲劇與苦難的發生。繼馬爾薩斯主義之後而發展出的新馬爾薩斯主義者，很重視人口與自然資源與環境關係的看法，其對於自然資源與環境的維護功不可沒。

第三節　李嘉圖的地租論

一、生平簡介

李嘉圖（David Ricardo, 1772-1823）於十八世紀末生於英國倫敦附近的猶太家庭，兄弟姊妹共 17 人，他排行第三。父親是證券經紀商。少年時接受傳統的教育，14 歲時受僱經營證券買賣，21 歲時放棄猶太信仰。結婚後被家庭斷絕經濟，後來卻賺大錢，過著悠遊的生活。1819 年當國會議員，1823 年因病去世。

二、多種理論，但以地租論最具代表

李嘉圖的經濟理論有多種，有勞動價值論，工資論，利潤論，機器對勞動者的影響理論，貨幣數量論及比較成本論等，但以地租論最具代表性。地租論的要素有如下諸點。

　　㈠地租的產生係因土地數量有限，品質不一，又隨著人口增加而產生。在殖民時代，土地豐富，並無地租。

　　㈡地租的多少因土地生產力的大小及位置利弊的差異所決定。

㈢地租是物價的結果，而不是決定物價的原因。物價上漲，也影
　響地租上漲。

㈣地主階級及其他階級對地租的期待不同，受地租的影響不同，
　故也會因地租而發生衝突。

第四節　馬克斯的資本論

一、生平簡介

馬克斯（Karl Marx, 1818-1883）於 1818 年生在普魯士萊茵河畔
的特利爾（Trier）。該地區曾為法國佔領，被拿破崙併入萊茵聯盟，
拿破崙戰敗，將此地歸給普魯士。

馬克斯的父親是猶太人的律師，母親為荷蘭猶太裔。中學畢業後
進波昂大學學習法律，後轉入柏林大學學法律、歷史及哲學，畢業後
轉入哲學研究。在德國的真拿大學（University of Jena）獲得博士學
位。後因辦報，言論激進，被驅逐出境。自 1849 年前往倫敦，1850
年以後埋首大英博物館閱讀、研究與寫作經濟學。1867 年出版資本
論，共四冊，4000 頁。將其大意，列舉如下。

二、資本論的要義

馬克斯在 1867 年出版《資本論》一書，成為其代表作之一，影響
深遠。在此書中提出一種關於歷史變化對抗階級之間矛盾的學說。此
一理論的若干要點可摘錄如下。

㈠在每個歷史階段，資產階級擁有資產而有權威，另一種勞工階
　級則無資產，因而會與統治的資產階級衝突。

㈡資本家佔有生產的手段而決定工資，剝削工人利益。剝削的矛

盾將導致日益惡化，終會爆發革命，資本主義也必將走向滅
亡。

㈢由於生產方法的改變，新興的階級將推翻舊有的統治階級而掌
握政權。無產階級將資本家推翻而成為共產主義的國家或社
會，轉由工人專政。在共產國家或社會，財貨與勞務按人民的
需要分配，強調各盡所能，各取所需。

第五節　凱因斯的就業、利息與貨幣的一般理論

一、生平簡介

約翰・梅納德・凱因斯（John Maynard Keynes, 1883-1946）是英
格蘭人，生於劍橋的一個書香世家。其父是劍橋大學的著名經濟學教
授。他先進伊頓中學受教育，畢業後進入劍橋大學主修數學，後來轉
變修讀哲學與經濟學。畢業後考取文官，進入財政部任職，曾參與起
草凡爾賽和平條約，反對對戰敗國德國要求大額賠償。後來曾著有和
平的經濟後果一書，但以主編「經濟學刊」（Economic Journal）而聞
名於世。其經濟學論著涉及投資、保險及貨幣等方面。在 1930 年代著
有《貨幣通論》兩冊。後來又著《就業、利息與貨幣的一般理論》一
書，成為其代表作，影響深遠。

二、理論要點

凱因斯的《就業、利息與貨幣的一般理論》一書重要的論點約可
摘要成下列三點。

㈠有異於傳統的經濟理論，既使充分就業的水準沒有達到時，

「經濟體系」的均衡依然可以達成。

㈡贊成調整銀行利率以刺激投資。

㈢在私人投資活動降低時，政府應增加公共支出，以減少失業。

三、理論的貢獻

　　凱因斯提出調整利率刺激投資及增加公共支出以減少失業的論點，曾被許多國家廣泛應用來對付實際的經濟問題，也產生良好的後果。

四、理論受到的挑戰

　　一些著名的經濟學者雖然同意凱因斯的學理，應用在失業與蕭條時，可以刺激需求，提升就業的效果，但卻無力對付物價膨脹的經濟問題，因此面對新的經濟情勢如通貨膨脹等，還需要有更多新理論為之應對。

第六節　熊彼得的資本主義制度倒塌理論

一、生平簡介

　　熊彼得（Joseph Alois Sehumpeter, 1883-1950）生於奧國，出生地Moravia，目前屬於捷克。曾在維也納大學學習法律與經濟學，但其研究的領域包括經濟學、數學、哲學、社會學、歷史學，可謂博學多才。一生中除了當教授外，也當過內閣部長、銀行家與法學家。曾執教德國的波昂大學，後來移民美國，在哈佛大學講授經濟學，至1950年去世，享年六十七歲。

二、重要理論

熊彼得曾以著作景氣循環（business cycle）理論成名。但其有關資本主義的商業制度下如何經由創新（innovation）過程導致景氣循環的理論對經濟理論的貢獻甚大。他在 1942 年出版的《資本主義、社會主義與民主》一書也是名著之一。在此書中闡述的重要理論內容有下列諸點：

(一)資本主義制度宛如「倒塌中的城牆」，先是企業家功能逐漸消失，而後終導致資本主義的崩潰。

(二)人類的經濟慾望有一天會完全得到滿足，屆時努力提高生產的動機將會越來越少。但目前尚未能如此實現。

(三)人們達到更高的生活水準後，新的慾望自然再出現擴大。

(四)但是假設生產方法會達到完美境界，社會達到靜止，資本主義萎縮，企業家無事可做，依賴利潤及利息維生的中產階級將消失，產業與貿易管理將被行政工作取代。人事制度將有官僚政治的特性。人們將不像以前一樣投入智慧與能力在產業上，而將完全脫離企業世界。此預言甚有創見。

三、理論受到的挑戰

熊彼得的理論被認為有創見，但對現有的理論不見挑戰性，因此沒有很多的信徒。

第七節　顧志耐的經濟成長理論

一、生　平

顧志耐（Simon Smith Kuznets）於 1901 生於俄國，1922 年移民美國，1926 年獲哥倫比亞大學博士學位，後進入「國家經濟研究學院」成為研究員。往後在賓州大學、約翰霍普金斯大學及哈佛大學任教多年。重要著作係有關國民所得、資本、勞動、所得分配、生產因素的變化、經濟成長等。曾寫過長文分析臺灣的經濟發展與結構變動。

二、重要的理論

顧志耐的理論以有關經濟成長方面為代表，重要的論點可摘要如下。

㈠勞動高成長率必然帶來經濟結構調整。

㈡結構調整帶來勞動或人口部門差異，也即成長慢的部門趕不上成長快的部門。

㈢在結構調整與變動的過程中，社會承擔的成本很大，如落後部門被閒置的勞動力並不保證能獲得就業機會。

㈣為減少成本，政策的實施與制度的改變有其必要性。

㈤為達到高成長率，未經實驗的知識也可試用。

㈥經濟的高成長率會帶來舊制度的分裂、經濟團體舊有關係的分裂、舊有工作與生活的分裂。調適的方法是使用新技術及結構性的變動。

㈦為避免分裂，不影響社會的和諧與國家的生存及經濟的活力，

政策需要多種的考慮與多種執行的團體，後者包括政府、其他決策單位及社會經濟結社。

第八節　薩孟遜的自讚經濟學理論

一、生　平

薩孟遜（Faul A. Samuelson）於 1915 年 5 月 15 日生於美國印第安那州。1932 年進芝加哥大學攻讀經濟學，後轉讀哈佛大學。在學生時代及畢業後當資淺的研究員時即多次獲得論文獎。1940 年受聘MIT，曾獲芝加哥大學榮譽博士學位，1970 年獲諾貝爾經濟獎。

二、重要著作

薩孟遜在1937年，也即22歲時就寫成「經濟理論運用的重要性」一書，1947 年（32 歲）時出版經濟學分析的基礎一書。一生出版 207 篇論文，散見於各種學術期刊，編成 3 本論文集。1948 年寫成一本經濟學教科書。他曾是專欄作家，可說是世界上傑出的經濟學家。

三、理論的要點

薩孟遜一生著作豐富，立論深入淺出，綜合其著作摘錄出重要的論點列舉如下。

㈠以科學的方法發展出靜態與動態的經濟理論，並對經濟科學性分析水準的提升甚有貢獻。

㈡注重將經濟理論銜接現實問題。

㈢推廣凱因斯理論，將充分就業及功能財政的觀念深入讀者的心目中。

㈣追求公平，鼓吹進步的社會。

㈤評述當前現實的經濟及社會問題。

㈥提倡自由貿易，反對保護主義。

㈦也贊成政府對經濟活動的干預。

㈧認為不會再發生經濟恐慌，因為民主政府會介入解除危機。

㈨主張政府應負更多責任化解貧窮及其他社會問題。

㈩兼顧理論與現實，是位全能的經濟學者。

第九節　傅利曼的自由經濟理論

一、生平簡介

傅利曼（Milton Frideman）於 1912 年生於美國紐約。於 1933 年獲芝加哥大學經濟學士，1946 年獲得哥倫比亞大學哲學博士。後任教芝加哥大學，1976 年獲諾貝爾經濟獎，1977 年退休。

二、重要論著

1980 年與其夫人合著《自由的抉擇》（Free to Choose）。另著《Tyranny of the Statue Quo》一書。

三、重要的理論與貢獻

㈠傅利曼在經濟理論的見長及貢獻在消費函數、貨幣史及貨幣理論、經濟穩定政策等方面。

㈡他認為不論在配置社會資源或規範人類事務上，自由市場都是最佳策略。

㈢依其看法，影響經濟趨勢的關鍵因素是貨幣數量，而非政府的

財政政策。

㈣他倡導「貨幣供給法則」，即貨幣供給應配合經濟成長而穩定擴張。

㈤除了貨幣供給量成長太快是引起物價膨脹的因素外，政府赤字預算也是另一主因。

㈥政府應減少對企業的禁制與干預，讓市場的利潤與虧本決定企業的成敗。

㈦企業本身不應當有雙重標準，一方面要實施自由經濟，另方面又要求各種保護津貼或獎助。

㈧除了國防、治安、控制貨幣數量及一些特殊情況外，任何政府可做的事，民間可做得更好。

㈨自由貿易利己利人，即使別國貨物在本國傾銷，也不應當防止或干預。

㈩把「平等」放在「自由」前面，既沒平等，也沒自由。

💡 練習題

一、是非題

（×）*1.*馬爾薩斯的人口論認為糧食的增加速率比人口的成長速度快。

（×）*2.*馬克斯認為資本家靠勞工賺錢，故會很同情勞工。

（×）*3.*凱恩斯的理論中並不贊成由調整銀行利率以刺激投資。

二、選擇題

（ B ）1.名經濟學家熊彼得在 1883 年時生於： 　(A)德國　(B)奧國　(C)英國　(D)蘇俄。

（ C ）2.著「國富論」聞名的英國經濟學家是　(A)馬爾薩斯　(B)凱恩斯　(C)亞當史密斯　(D)熊彼得。

（ C ）3.創造自由經濟理論的美國經濟學家是　(A)薩孟遜　(B)顧志耐　(C)傅利曼　(D)休慈。

三、解釋名詞

1.人口的消極抑制

2.地租論

3.倒塌中的城牆

4.顧志耐的經濟成長論

5.新馬爾薩斯主義

四、簡答題

1.試論亞當史密斯國富論的要點

2.摘要論述凱恩斯在經濟理論上的貢獻

參考書目

一、中文部分

林鐘雄，2004，六版一刷，西洋經濟思想史，三民書局印行，共 555 頁。

徐育珠，2002，財政學，三民書局印行，共 445 頁。

施華善、施蓓利譯，2004，經濟學辭典（Hoper Collins Dictionary, Economics）臺北貓頭鷹出版社，共 583 頁。

高安邦，1993，馬克斯的經濟思想，巨流圖書公司印行，共 181 頁。

高希均，1991，經濟學的世紀，上篇，經濟觀念與現實問題，二次增訂，天下文化出版股份有限公司印行，共 489 頁；下篇，總體與個體導引，共 433 頁。

湯小應，2002，馬克斯主義政治經濟學，啟思出版集團印行，共 357 頁。

張清溪，許家棟、劉鶯釧、吳聰敏，1991，經濟學、理論與實際，上冊，共 371 頁；2000；下冊四版，共 383 頁。

張德粹，1964，土地經濟學，正中書局。

張溫波，1996，經濟成長與結構轉變，行政院經濟建設委員會綜合計劃處編印，共 287 頁。

趙鳳培，1998，經濟學概要，三民書局印行，共 380 頁。

霍德明、熊秉元、胡春田、巫和懋合著，2002，經濟學，2000 跨世紀新趨勢，上冊三版，雙葉書廊印行，共 430 頁；2003，三版下冊，共 385 頁。

黃金樹，2002，經濟學──原理與應用，三民書局印行，共 365 頁。

蔡宏進，廖正宏，1987，人口學，巨流圖書公司印行，共 429 頁。

陸明仁，2000，經濟學概論，三民書局印行，共 591 頁。

二、英文部分

Browning, Gdgar K, and Jacguelene M. Browning, 1983, *Microecenomic Theory and Applications*, little, Brown and Company, Boston, Toronto, pp 581.

Councie for Economic, Planning and Development, Republic of China, 2005, *Towan Statistical Data Book*, 3003, pp368.

Mckenzie, Richard B. 1986, *Economics*, Houghton Mifflin Company, Boston, Dallas, Geneva, Illinois, Lawrenceville, New Jersey, Palo Alto, pp847.

Ruffin, Roy J. & Paul R. Gregory, 1983, *Principles of Economics*, Scott, Foresman and Company, Dallas Texas, Oakland, New Jersey, Palo Alto, California, Tucker, Georgia, London, England, pp798.

索　引

國家圖書館出版品預行編目資料

經濟學／蔡宏進 著. 一初版.一臺北市：五南圖
　　書出版股份有限公司,2006 [民 95]
　　面；　公分.
參考書目：面
I S B N: 978-957-11-4263-0（平裝）
1.經濟
550　　　　　　　　　　　95002685

1MC4

經濟學

作　　者 － 蔡宏進（367.1）

發 行 人 － 楊榮川

總 經 理 － 楊士清

總 編 輯 － 楊秀麗

主　　編 － 侯家嵐

責任編輯 － 侯家嵐　許宸瑞

封面設計 － 鄭依依

出 版 者 － 五南圖書出版股份有限公司

地　　址：106 台北市大安區和平東路二段 339 號 4 樓

電　　話：(02)2705-5066　傳　　真：(02)2706-6100

網　　址：https://www.wunan.com.tw

電子郵件：wunan@wunan.com.tw

劃撥帳號：01068953

戶　　名：五南圖書出版股份有限公司

法律顧問　林勝安律師事務所　林勝安律師

出版日期　2006 年 3 月初版一刷
　　　　　2021 年 10 月初版八刷

定　　價　新臺幣 380 元

經典永恆・名著常在

五十週年的獻禮──經典名著文庫

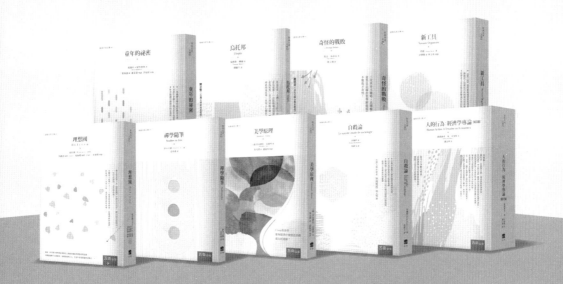

五南,五十年了,半個世紀,人生旅程的一大半,走過來了。

思索著,邁向百年的未來歷程,能為知識界、文化學術界作些什麼?

在速食文化的生態下,有什麼值得讓人雋永品味的?

歷代經典・當今名著,經過時間的洗禮,千錘百鍊,流傳至今,光芒耀人;

不僅使我們能領悟前人的智慧,同時也增深加廣我們思考的深度與視野。

我們決心投入巨資,有計畫的系統梳選,成立「經典名著文庫」,

希望收入古今中外思想性的、充滿睿智與獨見的經典、名著。

這是一項理想性的、永續性的巨大出版工程。

不在意讀者的眾寡,只考慮它的學術價值,力求完整展現先哲思想的軌跡;

為知識界開啟一片智慧之窗,營造一座百花綻放的世界文明公園,

任君遨遊、取菁吸蜜、嘉惠學子!